AF363478

THÉATRE

ET

POÉSIES FUGITIVES.

THÉATRE

ET

POÉSIES FUGITIVES

DE

Jⁿ.-Fᵒⁱˢ. COLLIN D'HARLEVILLE,

Membre de l'Institut et de la Légion d'Honneur.

TOME PREMIER.

A PARIS,

Chez **DUMINIL-LESUEUR**, Imprimeur-Libraire,
rue de la Harpe, N°. 78.

1805.

PRÉFACE (1).

ON l'a dit avec raison : l'Histoire d'un Homme de Lettres est, à peu de chose près, toute entière dans ses Ouvrages. Ce qu'il seroit tenté d'y ajouter, est indifférent pour la plupart de ses lecteurs : l'importance qu'un Auteur met tout naturellement à l'historique de ses compositions, aux moindres événemens de sa vie, n'est pas la mesure de l'intérêt que le Public peut y prendre. Voilà ce que je me suis dit, en commençant cette Préface, qui même n'auroit peut-être pas eu lieu, si, pour l'amour de l'Art, je n'avois cru devoir faire, en quelque sorte, l'Examen critique de mes Pièces. J'en ai, il est vrai, retouché plus d'une, et j'ai fait disparoître les fautes les plus saillantes : mais il en est que je n'ai pu corriger ; tant elles tenoient intimement à l'ouvrage ! J'en ferai l'aveu, du moins ; c'est quelque chose : quelquefois aussi je me justifierai ; je défen-

____

(1) J'ai supprimé toutes les Préfaces particulières, excepté celle de l'*Optimiste*.

Tome I.

drai tel passage qui, je crois, a été censuré injustement : cela est de droit naturel : ne faire que se critiquer, auroit je ne sais quoi d'affecté ; et l'affectation gâte tout.

Mais je me suis bien promis de ne point abuser du motif de cet Examen, et de ne pas m'en faire un prétexte pour occuper trop long-temps le Public de ce qui m'est personnel : et pour rassurer mon Lecteur dès le premier mot, je lui fais grâce d'un long détail, confié depuis long-temps au papier (1), sur

---

(1) Je ne puis cependant me refuser la satisfaction de dire l'obligeant, l'aimable intérêt qu'a pris madame Campan au sort de ce premier ouvrage. C'est elle qui l'a fait jouer à Versailles.

Mais cet *Inconstant...*, et j'aime à l'avouer, je n'aurois pu en attendre la représentation avec une aussi longue patience, sans tes soins, sans ta tendresse vraiment fraternelle, ô bon Maurice Lévesque *, généreux et modeste ami !

Pour ma respectable amie, madame Duvivier, ce n'est pas seulement l'*Inconstant* qui lui est redevable ; ce sont tous mes autres ouvrages, c'est ma vie entière qui lui doit ses plus douces, ses plus pures consolations.

* Auteur de quelques ouvrages d'Histoire et de Morale, très-estimables, notamment le *Père-Instituteur*.

les diverses métamorphoses qu'a essuyées mon *Inconstant* ; je ne parlerai que de la dernière.

Quoique l'*Inconstant* ait réussi, cependant le cinquième acte n'a jamais fait plaisir. Vingt fois, je changeai le dénoûment, sans en rencontrer un qui satisfît le Public ni moi-même. Enfin, j'ai essayé de réduire la Pièce en trois actes, et je m'en sais bon gré. Quelques personnes m'ont désapprouvé : mais moi, qui déférai si souvent à leurs avis, je n'ai pu me rendre cette fois. Je suis convaincu qu'elles ne regrettent l'ancien *Inconstant*, que par l'effet de l'habitude. On me blâmeroit avec raison peut-être, s'il m'en eût coûté le sacrifice d'une seule scène intéressante : mais je n'ai pas même perdu un vers heureux. J'ai conservé tout ce que le Public avoit goûté. Ma Pièce finit maintenant à son vrai point, c'est-à-dire, au moment où Florimond apprend que sa nouvelle maîtresse est mariée. Alors, il abjure tout attachement exclusif pour une seule femme, et fait vœu de les aimer toutes. Ces vers, qui n'étoient pas même la fin du quatrième acte, terminent plus convenablement ma Comédie. En un mot, si j'ai eu tort de faire ce changement, le Public m'a absous.

Jusqu'alors, il n'avoit que supporté le cinquième acte : à présent, la Pièce toute entière paroît l'amuser.

S'il fut un moment où mes amis devoient me critiquer, c'étoit quand j'osai traiter un tel sujet. Il falloit être jeune (mais quoi ? mes amis étoient jeunes aussi), sans expérience, et presque sans réflexion, pour ne pas sentir que l'*Inconstant* n'étoit point susceptible d'une intrigue attachante, que le principal, disons mieux, l'unique personnage, pouvoit amuser, mais intéresser, jamais, et qu'un bon dénoûment étoit impossible. — Hé bien ! même en vieillissant, je ne me repens point du tout de ce début *à l'étourdie ;* et tout en sentant les fautes presque inévitables de cette Comédie, je ne suis pas fâché de l'avoir faite. J'avouerai, quoique j'en sois l'auteur, que j'y trouve de la gaieté, assez de verve, un dialogue vif et facile : il est aisé d'y reconnoître un jeune Poëte, qui a mis dans son coup d'essai le peu qu'il avoit de talent, tout soi-même ; c'est un premier amour.

Depuis, j'ai un peu changé sur la route. L'*Optimiste* déjà l'annonçoit. L'*Inconstant* avoit fait rire franchement : on sourit seulement à l'*Optimiste.* C'est pourtant celui de mes Ouvrages qui eut le plus de succès dans sa nouveauté. Le caractère principal excita une émotion douce : l'action n'étoit pas bien forte, ni les situations très-attachantes ; mais elles suffirent pour conduire la Pièce jusqu'au dénoûment, qui en général fit plaisir. Le style a moins de verve, et le dialogue moins de rapidité que dans l'*Inconstant* ; mais les vers sont naturels ; et quelques-uns partent du cœur : en un mot, si ce n'est pas une bonne, une franche Comédie, c'est peut-être un Ouvrage agréable.

On a fait contre le but moral de l'*Optimiste* une Préface... étrange, pour ne rien dire de plus. Je n'y répondis point dans le temps, persuadé que mon Ouvrage se défendoit lui-même, sous ce rapport (1) ; et maintenant que l'auteur de cette critique ne vit plus, on juge bien que je m'interdirai plus que jamais toute réplique qui lui seroit personnelle. Je ne veux me ressouvenir que de son talent, qui étoit mâle, énergique, et dont il nous reste, entr'autres, un gage distingué. Mais il

---

(1) Tu voulus y répondre, loyal, trop sensible Chabanon! et j'eus bien de la peine à t'en empêcher. Que d'autres marques d'amitié ne m'as-tu pas données!

me sera permis, ou plutôt je me dois à moi-même, de justifier mes intentions, qui étoient honnêtes et pures.

Si M. de Plinville étoit ce qu'on appelle un homme à systèmes, on pourroit examiner jusqu'à quel point celui-ci seroit dangereux à propager : il seroit à craindre peut-être que l'on ne s'en prévalût, que l'on n'en abusât pour s'aveugler sur les torts des hommes, ou s'endurcir sur leur misère. Mais ici rien de tel : cet Optimisme, ou plutôt l'habitude d'être *toujours content* (car c'est là le second, le vrai titre de l'ouvrage), n'est pas même une opinion chez le bon Plinville; c'est un senti-ment ; ou plutôt, c'est l'effet d'une heureuse organisation. Ne faisant, à chaque pas, que du bien, il peut ne pas croire au malheur; pur et loyal, il ignore le vice, et soupçonne à peine le mal (1); supportant de si bonne grâce les contradictions, il présume, par ins-tinct, que c'est de même pour les autres une peine légère : enfin, ce n'est point un philoso-phe ; c'est un bon homme : en l'attaquant ainsi à toute outrance, on lui a fait, d'un côté

____

(1) J'ai développé cette idée dans quelques passages nouveaux, intercalés dans le corps de l'ouvrage.

trop d'honneur ; mais de l'autre , on l'a traité avec bien de l'injustice : quoique je me sentisse sans reproche à cet égard , je n'en ai pas moins été blessé jusqu'au fond du cœur.

Je ferai pourtant quelques aveux : car, si injustement que l'on soit accusé , calomnié même ; que l'on s'examine bien , et l'on trouvera presque toujours quelque foible qui a fourni un prétexte , donné prise à la critique. Avec les meilleures vues du monde , je puis avoir quelquefois passé le but. J'ai mis dans la bouche de l'Optimiste des saillies que je croyois plaisantes , que maintenant je trouve exagérées ; telles que ce trait : « Bon ! il ne » meurt personne (1) ; » et autres semblables. En cela, j'ai eu tort : *Rien de beau que le vrai*, a dit notre maître. Le même Plinville peut dire, en parlant des gronderies de sa femme : « Son humeur par fois me divertit ; » mais il pourroit se dispenser d'applaudir sans cesse à ses boutades, et d'obéir à ses moindres ordres, comme un enfant. En général, sa patience va très-loin : il est un peu trop

---

(1) Je m'accuse de ce mot , même après l'avoir remplacé par un plus juste.

bon homme aussi (1). J'ai tâché d'effacer quelques-unes de ces taches ; mais il en reste encore.

Cependant, tel qu'il est, avec toutes ses imperfections, l'*Optimiste* est encore celui de mes Ouvrages que j'aime le mieux. Sans donner ma prédilection pour règle, j'ose espérer que l'on pourra toujours le voir sans danger, et qu'il consolera surtout plus d'un Lecteur, sans le rendre égoïste.

Les *Châteaux en Espagne* sont au moins comiques par le titre.

« Qui n'a fait Châteaux en Espagne ? »

dit le bon La Fontaine, qui, par parenthèse, m'a fourni plus d'un sujet.

Dans cette Comédie, on distingue trop bien, je l'avoue, deux choses, le Caractère et l'Intrigue. La manie de faire des Châteaux en Espagne, de *rêver en veillant*, qui est un peu celle de tous les hommes, rempliroit fort bien cinq actes ; mais mon intrigue n'en comportoit que trois : je m'explique.

---

(1) Il est à souhaiter que les acteurs qui seront chargés du rôle principal, au lieu de laisser aller ce caractère, le soutiennent au contraire, et par-là corrigent, en quelque façon, ce qu'il a de défectueux.

Que dans une famille, où l'on attend un gendre futur (visite annoncée *incognito*), l'on prenne pour lui l'homme aux Châteaux, *Dorlange;* que celui-ci, jeune, et confiant jusqu'à la présomption, trouve cet accueil tout naturel ; que par son aisance même et sa familiarité, il confirme d'abord dans leur erreur et la fille et le père, celui-ci bon homme, l'autre un peu romanesque ; tout cela est possible, et voici fort bien la matière d'un premier acte. — Que, peu après, *Florville*, le véritable futur, arrive, et soit reçu réellement comme un simple voyageur ; que, surpris de voir un étranger établi dans la maison, il l'observe, écoute ses confidences, et voie venir tout le monde ; j'admets encore cela, et le second acte peut être piquant.

Mais, de bonne foi, l'erreur peut-elle durer long-temps ? Chaque mot des deux voyageurs ne devroit-il pas donner l'éveil, et faire naître un premier soupçon, qui en amenât d'autres ? Est-il naturel que le vrai gendre laisse le champ libre à l'aventurier, qui alloit épouser, je crois, sans un trait de lumière qui le frappe, et le décide à faire courir sur les pas de Florville? Non, franchement : non, cela n'est pas vraisemblable. Il est impossible de filer raisonnablement cette méprise pendant cinq actes. C'est pourtant ce que j'ai fait ; c'est pourtant ce que le Parterre et les Loges ont applaudi, et applaudissent encore : je pourrois fort bien m'être trompé, moi ; mais, en vérité, je ne serai point plus sévère que le Public.

Eh ! pourquoi n'avouerai-je pas que les saillies originales et les riantes descriptions de *Dorlange*, que la gaieté naïve de *Victor*, qui rit des projets de son maître, et qui en fait lui-même d'aussi extravagans, que plusieurs vers heureux, et un dénoûment assez piquant, qu'enfin... je ne sais quel agrément répandu dans les *Châteaux en Espagne*, ont couvert une grande partie des fautes de la Pièce ? Ce n'est pas le premier Ouvrage, qui, de même que telle personne, ait su plaire avec ses défauts, plus que des beautés correctes, mais froides.

Je ne ferai point à *Monsieur de Crac* l'honneur d'en parler longuement. C'est une folie de Carnaval, que les vers soutiendront peut-être. On me pardonnera cette gaieté, j'espère : ce sont de ces écarts où je ne suis pas tombé souvent.

Bien que je me sois promis de faire grâce

au Lecteur et des Mémoires de ma vie, et même des détails relatifs à mes compositions ; j'ose croire que le récit suivant porte avec lui son excuse.

En juillet 1789, je tombai dangereusement malade. Une fièvre brûlante, accompagnée de plus d'un accident, m'avoit réduit à l'extrémité. Mon médecin (1), et une sœur chérie, n'avoient presque plus d'espérance. C'est dans une telle crise, que, plein de... je ne sais quel Dieu, malade comme la Pythonisse, j'éclatai, comme elle, en un délire vague, obscur, mais moins extravagant peut-être. Enfin, de scène en scène, j'avois poussé la chose jusqu'à cinq actes, le tout sans rien jeter sur le papier. La joie que j'en ressentis, ranima mes esprits. Une nuit, il m'en souvient, j'appelle d'une voix foible ma fidèle gouvernante ; je lui demande un bouillon, que j'avale d'un trait : je me fais apporter encre, plume et papier ; et, sur mon séant, pour la

---

(1) Alors, M. Doublet, mon cher et estimable compatriote. Sa perte m'a été bien sensible ; mais puis-je encore me plaindre, ayant eu le bonheur de trouver un ami dans l'un de nos plus savans médecins, M. Hallé ?

première fois depuis un mois, j'écris, j'écris
toute la nuit. Le matin, je me renfonce dans
mon lit, et me tiens coi tout le jour. De nuit en
nuit, je répète ce jeu; et au bout de douze jours,
je dis à Andrieux (1) : « Mon ami, j'ai fait
» une Comédie en vers et en cinq actes. » Il
me croit au dernier degré du transport. Je
soulève mon drap, et lui fais voir et toucher
un monceau de papiers; je lui donne un feuil-
let, qu'à peine il peut déchiffrer : alors, je
retrouve la parole, et je lui déroule ma Pièce,
scène par scène, au point de l'épouvanter. Il

---

(1) Je ne fais que citer ici *Andrieux* comme témoin : j'en parle plus en détail dans la Préface de
l'*Optimiste*. Je crois seulement devoir ajouter que, si
son goût exquis, si la finesse de son tact, m'ont été
d'un grand secours ; cependant (quoi qu'en ait dit un
Homme de Lettres, qui ne m'aime pas), mon ami
n'a point fait mes vers *. Ils en vaudroient mieux sans
doute : mais, depuis l'*Inconstant* jusqu'aux *Riches*,
j'ai toujours fait ma besogne moi-même. Au reste,
Andrieux, par une déclaration aussi prompte que
loyale, avoit d'avance rendu cette note à peu près inutile : et pourtant, comme disent les Commentateurs,
ma note subsiste.

* J'en excepte la seconde scène du second acte de l'*Optimiste* :
Voyez la Préface de cette Pièce.

appelle sœur et médecin, et leur fait part de
cette espèce de prodige. On peut juger de
leur étonnement. En douze autres jours, je
mets tout mon griffonnage au net, travail
plus difficile que le premier. Je retombai malade; mais j'avois livré à mon ami une Comédie en cinq actes, qui étoit le *Vieux
Célibataire*, bien imparfait sans doute, puisqu'il l'est encore à présent : mais le personnage du Vieillard s'annonçoit déjà; le caractère de *madame Évrard* étoit, sinon développé, au moins tracé assez fortement; et la
scène si folle des *Cousins*, étoit précisément
telle qu'elle est. La chose est étrange, in-
croyable, impossible même, d'accord : mais,
comme diroit *Sosie*,

« Elle ne laisse pas que d'être. »

Le succès de cet Ouvrage me dispense d'en
relever même les défauts, qui ne l'ont pas em-
pêché de réussir. Que n'en ai-je pu faire seulement une pareille ! Hélas ! j'ai été depuis
bien souvent malade : je le suis même encore,
au moment où je fais ce récit ; mais les maladies ne me rapportent plus autant.

C'est dans un moment de langueur que je
composai les *Artistes*. Ils se sont ressentis de

cette disposition. La Mélancolie semble les avoir inspirés, mauvaise conseillère pour un Poëte comique ! Il eût mieux valu, cette fois, souffrir et se taire. Cependant l'ouvrage n'étoit pas sans intérêt. Le Peintre offroit quelques traits du *Beau Idéal* (1); son père, le bon vieux Cultivateur, étoit un personnage assez comique; il y avoit dans l'intrigue et dans le dénoûment, une sorte de charme : enfin, telle même qu'elle étoit, la Pièce, froidement accueillie le premier jour, se releva assez bien depuis; et si elle fut interrompue à la treizième représentation, cela tint à des circonstances étrangères à l'Ouvrage.

Aussi, je regrettois toujours un peu ces *Artistes*, comme on chérit souvent de préférence un enfant foible et délicat. J'avois recueilli les suffrages; j'y ai joint mes propres réflexions : j'ai reconnu que la Pièce étoit trop longue (quoique déjà réduite à quatre actes), que l'action, attachante mais légère,

---

(1) J'ai eu bien à me louer, à cet égard, des conseils et de la complaisance de l'estimable M. Vincent, mon confrère à l'Institut, qui a bien voulu me consacrer son pinceau.

étoit noyée dans d'éternels détails sur les *Beaux-Arts*, que mes trois amis avoient, à peu près, le même ton, la même physionomie, et étoient presque parfaits tous trois, ce qui est un vice réel dans toute composition dramatique. Mais, en m'avouant ces défauts, je sentis qu'il étoit possible de les faire disparoître, et je l'ai essayé. D'abord, j'ai resserré la Pièce en trois actes (coupe plus naturelle qu'on ne le croit); et tous trois se passent dans l'atelier du Peintre, unité bien favorable à l'illusion ! Ensuite... mais à quoi bon détailler d'avance ce que je vais mettre sous les yeux du Public ? Il me suffit de dire que j'ai fait de mon mieux, et que de ce travail, assez considérable, il résulte une Comédie presque neuve. Il m'eût été plus agréable de l'essayer sur la Scène, avant de la faire entrer dans mon Édition : mais, craignant d'attendre en vain pour cette Pièce, comme pour tant d'autres, je commence par la faire imprimer. Si elle obtient le suffrage du Lecteur, j'aurai reçu ma récompense.

J'ai eu plus de mérite peut-être à retoucher les *Mœurs du Jour*, dont le succès avoit été moins contesté. Mais ce succès ne m'avoit jamais fait entièrement illusion. Au plus fort

même des représentations, je remarquois que
la Pièce paroissoit longue, ce qui est toujours un tort. — Comme les *Mœurs du Jour*
ont été souvent interrompues, et que même
elles n'ont pas été jouées depuis plus de deux
ans ; j'ai profité de cet intervalle, pour la retoucher. Élaguer, a été ma plus grande tâche,
qui pourtant en a entrainé quelques autres.
J'ai adouci quelques traits un peu lestes dans
la bouche du cousin et du séducteur, surtout
de madame Verseuil, plus dangereuse amie
de la jeune femme ; j'ai abrégé, en plus d'une
scène, les discours un peu longs de madame
Euler ; et j'ai rendu, je crois, le rôle du Frère
plus intéressant encore : c'est lui qui, sauvant
jusqu'à la fin sa sœur imprudente et chérie,
la préserve des dangers qui l'attendoient à la
sortie du Bal. Dès lors, la Pièce méritera
plus que jamais le titre du *Bon Frère*, que je
lui avois donné d'abord, et que je lui rends.
Dans mon ancien plan, le Frère faisoit tout :
le Mari ne paroissoit point ; ce que je sentois
être plus convenable. Quelques amis furent
d'un avis contraire : je les combattis, moins
par des raisons que par le sentiment : ils in-
sistèrent ; je craignis de m'être trompé, et je
cédai. Les conseils sévères de mes amis, et,

je

je puis dire , ma docilité assez rare , m'ont été souvent très-utiles ; mais quelquefois aussi , je n'aurois pas mal fait d'en croire mon instinct.

Quoi qu'il en soit , voici encore un travail , ingrat et peu brillant , que je soumets au Public. Mais , quelque soin que j'aie apporté à la retouche de cette Pièce et des *Artistes ;* je ne m'aveugle point sur le résultat d'une besogne , où le courage et la patience ne remplacent jamais la verve qu'imparfaitement. Puisse-t-on y reconnoître , au moins , mon désir de mieux faire !

Je viens de parcourir les sept Pièces de moi , restées au Théâtre Français ; et je crois les avoir examinées avec assez d'impartialité. Quant aux trois que j'ai données depuis au Théâtre Louvois (1) , il suffira d'une analyse plus rapide encore.

Je m'arrêterai peu sur *Malice pour Malice.* Le second acte offre des situations assez piquantes : c'est l'un des plus gais que j'aie faits , peut-être. Mais l'exposition , qui remplit presque tout le premier acte , est lente et froide;

---

(1) Maintenant *Théâtre de l'Impératrice* , dirigé par M Picard.

et le troisième tient un peu de la charge. Cela eût pu faire, je crois, un fort joli acte. Nous devrions nous ressouvenir que l'*Esprit de Contradiction* fut d'abord en cinq actes, puis en trois, et que réduit à un seul, c'est le chef-d'œuvre de Dufresny, et l'une des meilleures petites Pièces du Répertoire Français.

Il Veut Tout Faire, Comédie Épisodique en un acte, mériteroit un reproche tout contraire. Ce sujet eût exigé plus de développement : il auroit suffi à trois actes, pour le moins. Que résulte-t-il de mon travail ? Que je n'ai qu'indiqué un homme affairé ; que la scène de raisonnement, qui, mieux préparée, auroit pu paroître intéressante, se trouve ici à l'étroit ; et qu'enfin, le dénoûment est brusque, et produit peu d'effet. Mais il me sera permis de dire que c'est une de mes Pièces les mieux écrites. Une singularité assez piquante, c'est que mes deux Comédies en un acte, celle-ci et *Monsieur de Crac*, sont peut-être, après l'*Inconstant*, ce que j'ai de plus soigné pour le style. Cela ne viendroit-il point de ce que la patience de l'écrivain n'a pas le temps de se lasser, ni sa verve de se refroidir ?

J'ai gardé pour la fin *Le Vieillard et les Jeunes Gens*, bien qu'ils aient précédé le petit acte d'*Il Veut Tout Faire*. C'est, je l'avouerai, une de mes Pièces favorites : et j'y suis d'autant plus attaché, qu'en me donnant un rapport plus intime avec Picard, elle me l'a fait mieux apprécier encore, et que j'appris, alors, à chérir, à estimer de plus en plus la personne, moi qui avois si souvent applaudi à l'Auteur, avec tout Paris ! Je m'arrête à regret, en un sujet aussi agréable ; mais mon *Épître Dédicatoire* du *Vieillard et les Jeunes Gens* dira le reste (1), et je ne veux point séparer *mes trois Amis*.

Le Vieillard, n'est pas une Comédie bien forte, bien dramatique : plus d'un personnage accessoire y est à peine esquissé : mais celui de *M. de Naudé*, est, j'ose le dire, un assez bon modèle à offrir à nos jeunes gens. L'intrigue est légère ; mais elle attache, et se dénoue d'une manière simple et intéressante. Le style en est pur, et la morale saine, sans austérité ni pédantisme : enfin l'Ouvrage a du naturel, de la vérité ; et, comme il est possible que *Les Riches* (2)

---

(1) *Voyez* la première page du troisième volume.

(2) Cette Pièce n'étant point encore connue du Public, je ne me permettrai à son sujet aucune réflexion :

ne soient jamais joués, et qu'alors, je puis regarder *Le Vieillard et les Jeunes Gens* comme ma dernière Pièce de Théâtre ; je me repose avec quelque douceur sur cette fin, assez heureuse, de mes travaux.

Il me reste à dire un mot des *Poésies Fugitives* qui terminent cette Collection.

M'étant permis, trop souvent peut-être, de petits Vers dans mes loisirs, et n'ayant pu me résoudre à en faire entièrement le sacrifice, au moins les ai-je revus avec une attention scrupuleuse. J'en ai retranché plusieurs, et j'ai corrigé soigneusement presque tout ce que j'ai conservé. Car c'est ici qu'il falloit être sévère. Le Public a prononcé sur les Pièces de Théâtre ; mais il ne juge pas la plupart des Poésies légères, dont les unes, se glissant dans des Recueils Périodiques, passent à la faveur de la foule ; les autres lues à des Auditeurs bien disposés, sont écoutées sans conséquence, et souvent applaudies par politesse. Encore, malgré tant de soins, malgré cette rigueur envers soi-même, qui rappelle le vers de La Fontaine,

« Tout père frappe à côté. »

je soumets *Les Riches* au jugement du Lecteur, sans chercher à le prévenir.

Je ne puis me dissimuler que ces Opuscules sont un peu négligés, bien voisins de la simple conversation, et dignes à peine du nom de *Poésies*. Mais enfin, ces bagatelles sont presque toutes dialoguées : c'est encore de la Comédie dans de plus petits cadres : c'est là que nous nous peignons le plus fidèlement : notre esprit y parle moins que notre cœur; et le Lecteur aime quelquefois à reconnoître dans ces épanchemens naïfs et familiers d'un Écrivain, son cachet, son caractère, et comme sa physionomie.

Je ne puis laisser échapper cette occasion de remercier la portion pure et respectable du Public pour qui seule j'ai travaillé, et à qui seule aussi j'offre ce Recueil de mes Ouvrages ; de la remercier, dis-je, de l'intérêt, de l'indulgence, et j'ose ajouter de l'estime qu'elle m'a témoignée plus d'une fois. J'ai tâché de justifier sa bienveillance, en redoublant de zèle et d'efforts, autant qu'il m'a été possible : car de fréquentes maladies, et une mélancolie presque habituelle, ne m'ont pas permis de faire tout ce que je voulois,... et, je le sens, tout ce que j'aurois pu. Heureux du moins, trop heureux d'avoir recueilli, pour fruit de mes travaux, le suffrage

PRÉFACE.

des gens de bien, les douceurs de l'amitié,
et, ce que je préfère à la célébrité, une répu-
tation pure!

COLLIN D'HARLEVILLE.

(16 *Août* 1805.)

THÉATRE.

THÉÂTRE.

L'INCONSTANT,

COMÉDIE

EN TROIS ACTES ET EN VERS,

REPRÉSENTÉE POUR LA PREMIÈRE FOIS

PAR LES COMÉDIENS FRANÇAIS,

LE 13 JUIN 1786.

« Il tourne au premier vent, il tombe au moindre choc,
» Aujourd'hui dans un casque, et demain dans un froc. »
BOILEAU, Sat. 8.

PERSONNAGES.

FLORIMOND, l'Inconstant.

ÉLIANTE, jeune veuve Anglaise.

M. DOLBAN, oncle de Florimond.

LISETTE, suivante d'Éliante.

CRISPIN, valet-de-chambre de Florimond.

M. PADRIGE, l'Hôte.

La Scène est à Paris, dans un Hôtel garni, appelé l'*Hôtel de Brest*.

L'INCONSTANT,

COMÉDIE

EN TROIS ACTES * ET EN VERS,

Le théâtre, pendant toute la pièce, représente un Salon.

ACTE PREMIER.

SCÈNE PREMIÈRE.

FLORIMOND (*en uniforme*), CRISPIN.

FLORIMOND.

Je te revois enfin, superbe Capitale !
Que d'objets enchanteurs à mes yeux elle étale !
De l'absence, Crispin, admirable pouvoir !
Pour la première fois, il me semble la voir.

CRISPIN.

Je le crois. Mais, Monsieur, quelle affaire soudaine
De Brest, comme un éclair, à Paris nous amène ?

FLORIMOND.

D'honneur! jamais Paris ne me parut si beau.
Quelle variété! C'est un mouvant tableau.

---

* Cette Pièce fut d'abord jouée en 5 actes: *voyez la Préface.*

L'œil ravi , promené de spectacle en spectacle ,
De l'art , à chaque pas , voit un nouveau miracle.

CRISPIN.

Il est vrai. Mais ne puis-je apprendre la raison
Qui vous a fait ainsi laisser la garnison ?

FLORIMOND.

La garnison , Crispin ? Je quitte le Service.

CRISPIN.

Vous quittez?.. Quoi, Monsieur, par un nouveau caprice?

FLORIMOND.

Je suis vraiment surpris d'avoir , un mois entier ,
Pu supporter l'ennui d'un si triste métier.

CRISPIN.

Mais j'admire , en effet , votre persévérance :
Un mois dans un état ! quelle rare constance !
Depuis quand cet ennui ?

FLORIMOND.

                    Depuis le premier jour.
J'eus d'abord du dégoût pour ce morne séjour.
Dans une garnison , toujours mêmes usages ,
Mêmes soins, mêmes jeux , toujours mêmes visages.
Rien de nouveau jamais à dire , à faire , à voir :
Le matin on s'ennuie , et l'on bâille le soir.
Mais ce qui m'a surtout dégoûté du service ,
C'est, il faut l'avouer, ce maudit Exercice.
Je ne pouvois jamais regarder sans dépit
Mille soldats de front , vêtus du même habit ,

Qui, semblables de taille, ainsi que de coîffure,
Étoient aussi, je crois, semblables de figure.
Un seul mot, à la fois, fait hausser mille bras;
Un autre mot les fait retomber tous en bas :
Le même mouvement vous fait, à gauche, à droite,
Tourner tous ces gens-là comme une girouette.

CRISPIN.

Cependant...

FLORIMOND.

Je pourrai changer d'habillement,

Et ne te mettrai plus...

CRISPIN.

Je vous plaignois, vraiment.
(*Touchant l'habit de son maître.*)
Pauvre disgracié ! va dans la garde-robe
Rejoindre de ce pas la soutane et la robe.
Que d'états ! je m'en vais les compter par mes doigts.
D'abord...

FLORIMOND.

Oh ! tu feras ce compte une autre fois.

CRISPIN.

Soit. Sommes-nous ici pour long-temps ?

FLORIMOND.
Pour la vie.

CRISPIN.

Quoi , Brest ?...

FLORIMOND.

D'y retourner, va, je n'ai nulle envie.

CRISPIN.

Et votre mariage?

FLORIMOND.

Eh bien! il reste là.

CRISPIN.

Mais Léonor?

FLORIMOND.

Ma foi, l'épouse qui voudra.

CRISPIN.

J'ignore, en vérité, si je dors, si je veille :
Vous la quittez, Monsieur, le contrat fait, la veille?

FLORIMOND.

Falloit-il, par hasard, attendre au lendemain?

CRISPIN.

Là... sérieusement, vous refusez sa main?

FLORIMOND.

Pour le persuader, il faudra que je jure!

CRISPIN.

Ah! pouvez-vous lui faire une pareille injure?
Car que lui manque-t-il? Elle est jeune, d'abord.

FLORIMOND.

Trop jeune.

CRISPIN.

Bon, Monsieur!

FLORIMOND.

C'est une enfant.

CRISPIN.

D'accord,
Mais une aimable enfant : elle est belle , bien faite....

FLORIMOND.

Je sais fort bien qu'elle est d'une beauté parfaite.
Mais cette beauté-là n'est point ce qu'il me faut :
J'aime sur un visage à voir quelque défaut.

CRISPIN.

C'est différent. J'aimois cette humeur enjouée
Qui ne la quittoit pas de toute la journée.

FLORIMOND.

Je veux qu'on boude aussi par fois.

CRISPIN.

Sans contredit.

FLORIMOND.

Trop de gaîté , vois-tu , me lasse et m'étourdit :
Qui rit à tout propos , ne peut que me déplaire.

CRISPIN.

Sans doute, Léonor n'étoit point votre affaire.
Un enfant de seize ans , riche , ayant mille attraits ,
Qui n'a pas un défaut, qui ne boude jamais !
Bon ! vous en seriez las au bout d'une semaine.
Mais que dira de vous monsieur le capitaine ?

FLORIMOND.

Qu'il en dise parbleu ! tout ce qu'il lui plaira :
Mais pour gendre jamais Kerbanton ne m'aura.
Qui ? moi ? bon Dieu ! j'aurois le courage de vivre
Auprès d'un vieux marin, qui chaque jour s'enivre,

Qui fume à chaque instant, et tous les soirs d'hiver,
Voudroit m'entretenir de ses combats de mer ?...
Laissons-là pour jamais et le père et la fille.

CRISPIN.

Parlons donc de Justine. Est-elle assez gentille ?
Des défauts, elle en a ; mais elle a mille appas :
Elle est gaie et folâtre, et je ne m'en plains pas :
Voilà ce qu'il me faut, à moi qui ne ris guère.
Enfin, elle n'a point de vieux marin pour père.
Pauvre Justine ! hélas ! je lui donnai ma foi :
Que va-t-elle à présent dire et penser de moi ?

FLORIMOND.

Elle est déjà peut-être amoureuse d'un autre.

CRISPIN.

Nos deux cœurs sont, Monsieur, bien différens du vôtre.
D'avoir perdu Crispin, jamais cette enfant-là,
C'est moi qui vous le dis, ne se consolera.

FLORIMOND.

Va, va, dans sa douleur le Sexe est raisonnable,
Et je n'ai jamais vu de femme inconsolable.
Laissons cela.

CRISPIN.

Fort bien ; mais au moins, dites-moi
Pourquoi vous descendez dans un hôtel ?

FLORIMOND.

Pourquoi ?

CRISPIN.

Oui , Monsieur. Vous avez un oncle qui vous aime ,
Dieu sait !

FLORIMOND.

De mon côté , je le chéris de même ;
Mais je ne logerai pourtant jamais chez lui.
Je crus bien , l'an passé , que j'en mourrois d'ennui.
C'est un ordre , une règle en toute sa conduite !
Une assemblée hier , demain une visite.
Ce qu'il fait aujourd'hui , toujours il le fera :
Il ne manque jamais un seul jour d'Opéra.
La routine est pour moi si triste , si maussade !
Et puis sa politique , et sa double ambassade !
Car tu sais que mon oncle étoit Ambassadeur.
J'essuyois des récits.... mais d'une pesanteur !
Tu vois que tout cela n'est pas fort agréable.
D'ailleurs je me suis fait un plaisir délectable
De venir habiter dans un hôtel garni.
Tout cérémonial de ces lieux est banni :
Je vais , je viens , je rentre et sors , quand bon me semble,
Entière liberté. Le soir , on se rassemble :
L'hôtel forme lui seul une société ;
Et si je n'ai le choix , j'ai la variété.

CRISPIN.

On vient , de cet hôtel c'est sans doute le maître.

SCÈNE II.

FLORIMOND, CRISPIN, M. PADRIGE.

M. PADRIGE (*avec force révérences.*)

Ma visite, Monsieur, vous dérange peut-être ;
Mais je n'ai pu moi-même ici vous recevoir :
J'étois absent alors : j'ai cru de mon devoir
De venir humblement vous rendre mon hommage.

FLORIMOND.

Fort bien.

M. PADRIGE.

Je sais à quoi notre état nous engage.

CRISPIN (*lui rendant ses révérences.*)

Monsieur !

M. PADRIGE (*à Florimond.*)

De mon hôtel êtes-vous satisfait ?

FLORIMOND.

Très-fort.

M. PADRIGE.

Vous le trouvez honnête ?

FLORIMOND.

Tout-à-fait.

M. PADRIGE.

Et votre appartement commode ?

FLORIMOND.

Oui, mon cher hôte,

Très-commode.

C R I S P I N.

Pourtant, ma chambre est un peu haute.

F L O R I M O N D.

Je me trouve fort bien.

M. P A D R I G E.

   Je vous suis obligé.
Il le faut avouer, je n'ai rien négligé
Pour réunir ici l'utile et l'agréable;
Et vous voyez....

C R I S P I N.

  Au fait : avez-vous bonne table ?

M. P A D R I G E (à Florimond.)

Sans vanité, Monsieur, je puis dire, entre nous,
Que je n'ai guère ici que des gens tels que vous.

C R I S P I N (s'inclinant.)

Ah!...

M. P A D R I G E.

Des Bretons, surtout. C'est Brest qui m'a vu naitre,
Et, dieu merci, Padrige a l'honneur d'y connoître
Assez de monde : aussi l'on s'y fait une loi,
Quand on vient à Paris, de descendre chez moi;
Et c'est du nom de Brest que mon hôtel se nomme.

C R I S P I N.

Ce bon monsieur Padrige a l'air d'un galant homme.

M. PADRIGE.

Monsieur... vient donc de Brest ?

FLORIMOND.

Oui.

M. PADRIGE.

J'ai, dans ce moment,
Une dame qui vient de Brest aussi.

FLORIMOND.

Comment ?...

M. PADRIGE.

Une Anglaise.

FLORIMOND.

Une Anglaise ?

M. PADRIGE.

Oui, Monsieur, très-jolie,
Pour tout dire, en un mot, une dame accomplie,
Femme de qualité, qui voyage par goût,
Veuve depuis trois ans; Lisette m'a dit tout.

CRISPIN.

Lisette ! Cette Anglaise a donc une suivante ?

M. PADRIGE.

Eh ! oui; je l'ai donnée à Madame....

CRISPIN.

Et charmante,
Sans doute ?

M. PADRIGE.

On ne peut plus.

CRISPIN.

Je vois ce qui m'attend :
Cette Lisette-là va me rendre inconstant.

FLORIMOND.

Eh ! mais... à tous ces traits je crois la reconnoître :
Car.... Depuis quinze jours elle est ici peut-être ?

M. PADRIGE.

Oui, Monsieur.

FLORIMOND.

M'y voilà : c'est elle assurément,
C'est Éliante même.

M. PADRIGE.

Eh ! Monsieur, justement.

FLORIMOND.

Éliante en ces lieux ! Rencontre inespérée !
Conduisez-moi chez elle.

M. PADRIGE.

Elle n'est pas rentrée ;
Mais bientôt...

FLORIMOND.

Ah ! Bon Dieu ! laissez-nous ; il suffit :
Je l'attends.

(M. Padrige sort.)

SCÈNE III.

FLORIMOND, CRISPIN.

FLORIMOND.

J'ose à peine en croire son récit.
Rencontrer en ces lieux l'adorable Éliante !
Mais ne trouves-tu pas l'aventure charmante ?

CRISPIN.

Pardon : de vos transports je suis un peu surpris.
Il est bien vrai qu'à Brest, vous étiez fort épris
D'une dame Éliante ; et je sais que la Dame
N'étoit pas insensible à votre tendre flamme :
Mais enfin, quinze jours au moins sont révolus,
Depuis que j'ai cru voir que vous ne l'aimiez plus.

FLORIMOND.

Il est trop vrai : l'amour, surtout dans sa naissance,
Ne tient guères, chez moi, contre une longue absence.
Une affaire l'appelle à Paris : elle part.
Je tiens bon... quatre jours, mais enfin le hasard
M'offre au marin ; bientôt il m'aime à la folie,
Me veut pour gendre : au fond, Léonor est jolie...
Que te dirai-je, moi ? Je la vis, je lui plus :
Éliante étoit loin, et je n'y songeai plus....
Je la retrouve enfin, grâce au sort qui me guide.

CRISPIN.

Votre cœur n'aime pas à rester long-temps vuide.

FLORIMOND.

FLORIMOND.

Ni moi long-temps en place. Elle est sortie ; alors ,
Je ne l'attendrai point.

CRISPIN.

Je le crois bien.

FLORIMOND.

Je sors.
Je vais courir un peu : demeure, toi.

(*Il sort.*)

CRISPIN (*seul.*)

Quel maître !
Le vif argent n'est pas... Mais que vois-je paroître ?
Seroit-ce ?...

SCÈNE IV.

CRISPIN, LISETTE.

CRISPIN (*à part.*)

Elle a vraiment un fort joli minois.
La peste !

LISETTE (*de loin , à part aussi.*)

Ce garçon m'observe en tapinois.
Au fait, il n'est pas mal.

CRISPIN (*haut.*)

De l'aimable Éliante
Ai-je l'honneur de voir l'adorable suivante ?

TOME I.

LISETTE.

Elle-même, Monsieur.

CRISPIN (*à part.*)

Justine n'est pas mieux.

LISETTE.

Monsieur... Cet officier qui descend en ces lieux,
Seroit-il votre maître ?

CRISPIN.

Oui, beauté sans pareille !
Mais le mot de *Monsieur* a blessé mon oreille.
Appelez-moi Crispin ; car je suis sans façon.
On vous nomme Lisette ?

LISETTE.

Oui.

CRISPIN.

Dieu ! le joli nom !

(*A part.*)

Justine n'avoit pas cette friponne mine.

LISETTE.

Vous marmotez souvent certain nom de Justine.

CRISPIN (*embarrassé.*)

Oh ! rien... C'est un enfant, que je connus jadis..
La maîtresse de l'un de mes meilleurs amis...
Et qui vous ressembloit ; Justine étoit jolie...
Aussi ce drôle-là l'aimoit à la folie.
Mais, de grâce, laissons Justine de côté,
Parlons de vous.

LISETTE.

Hé bien ?

CRISPIN.

Lisette, en vérité,

J'ai couru le pays, j'ai vu bien des soubrettes,
Gentilles à ravir, et surtout les Lisettes;
Mais je n'ai point encor rencontré de minois
Qui me plussent autant que celui que je vois.

LISETTE.

Fort bien!

CRISPIN.

Vraiment, j'admire une telle rencontre;
Que le premier objet... que le hasard me montre...
Soit un objet... ma foi, je rends grâce au hasard.
(*A part.*)
Justine, en vérité, je suis un grand pendard.

LISETTE.

Monsieur plaisante?

CRISPIN.

Point. C'est la vérité même :
Moi, j'y vais rondement, en trois mots, je vous aime.
Vous riez, c'est bon signe : oh! j'ai jugé d'abord
Que Lisette et Crispin seroient bientôt d'accord.

LISETTE.

Mais je ne conçois pas cette flamme subite :
Je n'aurois jamais cru qu'on pût aimer si vîte.

CRISPIN.

Moi, j'en suis peu surpris; car enfin, sans orgueil,
Aux filles j'ai toujours plu du premier coup d'œil.

LISETTE.

Peste!

CRISPIN.

J'entends mon maître.

SCÈNE V.

CRISPIN, LISETTE, FLORIMOND.

FLORIMOND.

Ah! Madame Éliante
Est-elle de retour ?

CRISPIN.

Non : voici sa suivante
Qui me disoit...

LISETTE.

Madame avant peu va rentrer ,
Je le suppose.

FLORIMOND.

O Dieu! Mais quand puis-je espérer ?...

LISETTE.

Avant une heure, au plus.

FLORIMOND.

Eh! n'est-ce rien qu'une heure?
Une heure sans la voir ! il faudra que j'en meure.
En vérité, je suis d'un malheur achevé.
J'ai passé chez mon oncle et ne l'ai point trouvé.
J'ai vîte écrit deux mots et laissé mon adresse ;
Puis, je suis accouru pour revoir ta maîtresse :
Hé bien ! il faut une heure attendre son retour.

LISETTE.

En attendant , Monsieur , songez à votre amour.
(Elle le salue , sourit à Crispin , et sort.)

SCÈNE VI.

FLORIMOND, CRISPIN.

FLORIMOND.

Peste des importuns! Ce chevalier d'Arlière
Me force à l'écouter, la tête à la portière.
A quatre pas de là, c'est un autre embarras :
Et deux cochers mutins, avec leurs longs débats,
M'arrêtent un quart d'heure au détour d'une rue.
O quel fracas! bon Dieu! Quelle affreuse cohue!
Comment peut-on se plaire en ce maudit Paris?
C'est un Enfer.

CRISPIN.

Tantôt c'étoit un Paradis.
« L'œil ravi, promené de spectacle en spectacle,
» De l'art, à chaque pas, voit un nouveau miracle : »
C'étoient vos termes.

FLORIMOND.

Oui, d'abord cela séduit,
J'en conviens : mais au fond, de la foule et du bruit,
Voilà Paris. Ses jeux et ses vaines délices,
N'offrent qu'illusions et que beautés factices :
Ses plaisirs sont amers, son éclat emprunté;
Et, sous l'extérieur de la variété,
Il cache tout l'ennui d'une vie uniforme;

CRISPIN.

Uniforme, Monsieur? Ah! quel blasphème énorme!

Un jour est-il ici semblable à l'autre jour ?
Ce sont nouveaux plaisirs qui règnent tour à tour.

FLORIMOND.

Je le veux : mais au fond, ils composent à peine
Une semaine au plus ; hé bien ! chaque semaine
De celles qui suivront est le parfait tableau :
De semaine en semaine, il n'est rien de nouveau.
Alternativement Bal, Concert, Tragédie,
Wauxhall, Italiens, Opéra, Comédie...
Ce cercle de plaisirs peut bien plaire d'abord ;
Mais la seconde fois, il ennuie à la mort.

CRISPIN.

C'est dommage. J'entends : de journée en journée,
Vous voudriez du neuf pendant toute une année.
Eh ! que la vie, ici, soit uniforme ou non,
Qu'importe ? il ne faut pas disputer sur le nom.
Si l'uniformité de plaisirs est semée,
Cette uniformité mérite d'être aimée.
On dort, on boit, on mange ; on mange, on boit, on dort :
De ce régime, moi, je m'accommode fort.

FLORIMOND.

Tais-toi : qu'attends-tu là ?

CRISPIN.
Vos ordres.

FLORIMOND.
Je t'ordonne
De n'être pas toujours auprès de ma personne.

CRISPIN.

C'est différent.
(*Il sort.*)

SCÈNE VII.

FLORIMOND (*seul.*)

Toujours un valet près de soi,
Qui semble dire : « allons, Monsieur, commandez-moi. »
Du matin jusqu'au soir..., quelle pénible tâche !
Il faut, quoiqu'on en ait, commander sans relâche.
Quand j'y songe, morbleu ! je ne puis sans courroux,
Voir que ces coquins-là soient plus heureux que nous.
(*Il s'assied et rêve.*)
Ce Crispin me déplaît. Monsieur fait le capable :
Vos ordres !... Il commence à m'être insupportable.
Depuis un mois pourtant, ce visage est chez moi :
Je n'en gardai jamais aussi long-temps... ; ma foi,
Il est bien temps qu'enfin de lui je me défasse.
(*Il se lève et appelle.*)
Crispin !... O le sot nom !

SCÈNE VIII.

FLORIMOND, CRISPIN.

CRISPIN.

Monsieur ?

FLORIMOND (*à part.*)

La sotte face !

(*Haut.*)
De tes gages, Crispin, dis-moi ce qu'il t'est dû.

CRISPIN.

Ah! Monsieur...

FLORIMOND.

Parle donc.

CRISPIN.

Monsieur!...

FLORIMOND.

Parleras-tu?

CRISPIN.

(*A part.*)   (*Haut.*)
Ne faisons pas l'enfant.   Ce n'est qu'une pistole.

FLORIMOND (*le payant.*)

Tiens. — Veux-tu bien sortir?

CRISPIN.

Dites un mot, je vole.

FLORIMOND.

Hé bien!

CRISPIN.

Encore un coup, vous n'avez qu'à parler.

FLORIMOND.

J'ai parlé; sors.

CRISPIN.

Fort bien; mais où faut-il aller?

FLORIMOND.

Où tu voudras.

CRISPIN.

Eh! mais... expliquez-vous, de grace..

FLORIMOND (*impatienté.*)

Quoi? tu ne comprends pas, maraud, que je te chasse?

C R I S P I N.

Plaît-il ! Vous me chassez ? Qui, moi, Monsieur ?

F L O R I M O N D.

Oui, toi.

C R I S P I N.

Moi ?

F L O R I M O N D.

Toi-même.

C R I S P I N.

Allons donc ! Vous vous moquez de moi.

F L O R I M O N D.

Point du tout.

C R I S P I N.

La raison ? Elle est un peu subite.

F L O R I M O N D.

La raison, c'est qu'il faut t'en aller au plus vîte ;
Je le veux.

C R I S P I N.

Mais enfin, pourquoi le voulez-vous ?

F L O R I M O N D.

Parce que... je le veux.

C R I S P I N.

Mon cher Maître, entre nous,

Ce n'est pas raisonner, que parler de la sorte.
Je le comprends fort bien ; vous voulez que je sorte :
Mais je ne comprends pas pourquoi vous le voulez.
Si j'ai failli, du moins, dites-le moi, parlez.

FLORIMOND.

Avec ses questions, ce bavard-là m'excède :
Tu... tu m'as...

CRISPIN.

Voulez-vous, Monsieur, que je vous aide ?

FLORIMOND.

Puisque monsieur Crispin demande des raisons...

CRISPIN.

Oui, Monsieur, une seule.

FLORIMOND.

       Eh bien ! nous le chassons,
Afin de ne plus voir sa maussade figure.

CRISPIN.

Maussade ? le reproche est nouveau, je vous jure.
Ma figure jamais n'effaroucha les gens :
Même elle m'a valu des propos obligeans.

FLORIMOND.

Elle ne me déplaît que pour l'avoir trop vue.

CRISPIN.

Depuis un mois à peine elle vous est connue.

FLORIMOND.

C'est beaucoup trop : je veux un visage nouveau.

CRISPIN.

Mais qu'il soit vieux ou neuf, qu'il soit maussade ou beau ;
Qu'importe, enfin, pourvu qu'un valet soit fidèle,
Et qu'il serve son maître avec esprit et zèle ?
Sans me vanter, Monsieur, je vous sers à ravir.

FLORIMOND.

Je n'aime point non plus ta façon de servir.

CRISPIN.

Qu'a-t-elle, s'il vous plaît ?...

FLORIMOND.

Elle est trop uniforme :
J'aime qu'à mon humeur un valet se conforme.
Toi, tu me sers toujours avec le même soin ;
Toujours auprès de moi je te trouve au besoin ;
Jamais....

(*Pendant ce discours , Crispin a pris une plume et du papier, et a l'air d'écrire sur son genou.*)
Que fais-tu là ?

CRISPIN.

J'écris ce que vous dites.
Vous me traitez, Monsieur , par delà mes mérites ,
Et je n'ai pas besoin d'autre certificat :
Signez.

(*Il lui présente la plume et le papier.*)

FLORIMOND.

Oh ! c'en est trop. Sais-tu bien , maître fat,
Qu'à la fin.... ?

CRISPIN.

Serviteur.
(*A part , en s'en allant.*)
Trouvons un stratagême
Pour le servir encore en dépit de lui-même.

SCÈNE IX.

FLORIMOND (*seul.*)

On a bien de la peine à chasser un valet.
Ce maraud de Crispin, au fond, n'est point si laid.
Mais j'étois las de voir son grotesque uniforme,
Ses bottines, sa cape et sa ceinture énorme.
Elle ne revient point : allons, je vais courir,
Voir mes amis. Valmont le premier vient s'offrir ;
Oui....

SCÈNE X.

FLORIMOND, M. DOLBAN.

M. DOLBAN.

Te voilà !...

FLORIMOND.

Mon oncle !.. Ah ! permettez de grace...
Cher oncle ! Après un mois, c'est donc vous que j'embrasse !

M. DOLBAN.

Je devois, avant tout, te quereller bien fort,
Et n'ai pu m'empêcher de t'embrasser d'abord ;
Mais je ne laisse pas d'être fort en colère.

FLORIMOND.

En quoi donc, par hasard, ai-je pu vous déplaire ?

M. DOLBAN.

En quoi? belle demande! Avoir un oncle ici,
Et descendre plutôt dans un hôtel garni!
A cette indifférence aurois-je dû m'attendre?

FLORIMOND.

Je vous suis obligé d'un reproche si tendre.
Mais cela ne doit pas du tout vous chagriner.
Mon cher oncle, entre nous, j'ai craint de vous gêner;
Et puis, je ne suis pas loin de votre demeure,
Et je pourrai vous voir chaque jour, à toute heure.

M. DOLBAN.

Tu sais toujours donner aux choses un bon tour.
Car, dans ta lettre aussi, tu mets sous un beau jour
Ton histoire de Brest et ton double caprice.
Jamais, au bout d'un mois, quitta-t-on le Service?

FLORIMOND.

Le Service, en un mot, n'est point du tout mon fait.

M. DOLBAN.

Va, tu n'es fait pour rien, je te le dis tout net.

FLORIMOND.

En quoi voyez-vous donc?...

M. DOLBAN.

            En toute ta conduite,
En tes écarts passés, en ta dernière fuite;
Et pour trancher ici d'inutiles discours,
Tu n'es qu'un inconstant, tu le seras toujours.

FLORIMOND.

Inconstant! Oh! voilà votre mot ordinaire!
Eh! c'est pour ne pas être inconstant, au contraire,

Qu'on me voit sur mes pas revenir tout exprès :
J'aime bien mieux changer auparavant qu'après.

M. DOLBAN.

Cette précaution est tout-à-fait nouvelle!
En as-tu moins, sans cesse, erré de belle en belle ?
Depuis la Robe, enfin, que bientôt tu quittas,
T'en a-t-on moins vu prendre et rejeter d'états ?
Tour à tour la Finance, et l'Eglise, et l'Epée...
Que sais-je ? La moitié m'en est même échappée :
Vingt états de la sorte ont été parcourus ;
Si bien qu'un an encore, et je ne t'en vois plus.

FLORIMOND.

C'est que je fus trompé, c'est qu'il faut souvent l'être,
C'est qu'il est maint état qu'on ne peut bien connoître,
A moins que par soi-même on ne l'ait exercé :
Ce n'est qu'après l'essai qu'on est désabusé.
J'aurai pu me trouver dans cette circonstance,
Sans être pour cela coupable d'inconstance.
Je goûte d'un état : j'y suis mal, et j'en sors ;
Rien de plus naturel. Quoi ! faudroit-il alors
Végéter sans désirs, sans nulle inquiétude,
Et, stupide jouet de la sotte habitude,
Garder, par indolence, un état ennuyeux,
N'être heureux qu'à demi, quand on peut être mieux ?

M. DOLBAN.

Tu crois donc rencontrer un bonheur sans mélange ?
Hélas ! le plus souvent, que gagne-t-on au change ?
La triste expérience avant peu nous apprend
Que ce nouvel état n'est qu'un mal différent....

Que dis-je ? Au lieu du bien après quoi l'on soupire,
Souvent d'un moindre mal on tombe dans un pire....
Aussi, sans espérer d'en trouver de meilleurs,
Tu quittes un état, pourquoi ? pour être ailleurs.

FLORIMOND.

Vous mettez à ceci beaucoup trop d'importance.
M'allez-vous quereller pour un peu d'inconstance ?
A tout le genre humain dites-en donc autant.
A le bien prendre, enfin, tout homme est inconstant ;
Un peu plus, un peu moins, et j'en sais bien la cause :
C'est que l'esprit humain tient à si peu de chose !
Un rien le fait tourner d'un et d'autre côté :
On veut fixer en vain cette mobilité :
Vains efforts ; il échappe ; il faut qu'il se promène :
Ce défaut est celui de la nature humaine.
La constance n'est point la vertu d'un mortel ;
Et pour être constant, il faut être éternel.
D'ailleurs, quand on y songe, il seroit bien étrange
Qu'il fut seul immobile ; autour de lui, tout change :
La terre se dépouille, et bientôt reverdit ;
La lune, tous les mois, décroît et s'arrondit.
Que dis-je ? En moins d'un jour, tour à tour on essuie
Et le froid et le chaud, et le vent et la pluie.
Tout passe, tout finit, tout s'efface ; en un mot,
Tout change : changeons-donc, puisque c'est notre lot.

M. DOLBAN.

De la frivolité, digne panégyriste !

FLORIMOND.

N'êtes-vous point vous-même un censeur un peu triste ?

M. DOLBAN.

D'un oncle, d'un ami, je remplis le devoir.
Tu te perds, Florimond, sans t'en apercevoir.
Espères-tu, dis-moi, t'avancer dans le monde,
Toi, qu'on a toujours vu d'une humeur vagabonde,
Effleurer chaque état, qui changes pour changer,
Qui n'es dans chacun d'eux qu'un simple passager?
Digne emploi des talens qu'en toi le ciel fit naître!
Avec tant de moyens de te faire connoître,
Tu seras donc connu par ta légèreté!
Ah! si tu ne fais rien pour la Société,
A l'estime publique il ne faut plus prétendre.
Tremble, et vois à quel sort tu dois enfin t'attendre.
A force de courir, toujours plus loin du but,
Et bientôt de l'état méprisable rebut,
Désœuvré, las de tout, comme à tout inhabile,
De tes concitoyens spectateur inutile,
Tu sentiras l'ennui miner tes tristes jours,
Si l'affreux désespoir n'en abrège le cours.

FLORIMOND.

Courage, livrez-vous à vos sombres présages;
Étalez à plaisir les plus noires images;
Pourquoi? parce qu'on est un tant soit peu léger.

(*Après un moment de silence.*)

Quoi qu'il en soit, je crois que je m'en vais changer.

M. DOLBAN.

Bon!

FLORIMOND.

Sérieusement, je ne suis plus le même.

M. DOLBAN.

M. DOLBAN.

Depuis combien de temps déjà ?

FLORIMOND.

Depuis que j'aime.

M. DOLBAN (*en souriant.*)

Ah ! fort bien.

FLORIMOND.

N'allez pas prendre ici mes discours
Pour le frivole aveu de volages amours.
Il est passé, le temps des folles amourettes :
Un feu réel succède à ces vaines bluettes.
J'aime, vous dis-je, enfin pour la première fois.

M. DOLBAN.

Du ton dont tu le dis, en effet je le crois.
Quelle est donc la personne ?

FLORIMOND.

Elle a nom Éliante.
C'est une veuve anglaise, une femme charmante :
Je ne vous parle pas de sa rare beauté,
Encor moins de ses biens et de sa qualité,
Quoiqu'elle soit pourtant et noble, et riche, et belle.
Mais, je vous l'avouerai, ce que j'admire en elle,
Ce sont des qualités d'un bien plus digne prix.
Pour les frivolités c'est ce noble mépris,
C'est ce rare talent, le grand art de se taire,
Sa fierté même ; enfin c'est tout son caractère.

M. DOLBAN.

Comment peux-tu si bien la connoître en un jour ?

FLORIMOND.

Mais elle a fait à Brest un assez long séjour.

Quelque temps, il est vrai, je la perdis de vue ;
Mais j'en fais en ce lieu la rencontre imprévue ;
Et mon cœur, dégagé de cette Léonor,
La trouve ici plus belle et plus aimable encor.

M. DOLBAN.

Elle est riche ?

FLORIMOND.

Très-riche.

M. DOLBAN.

Et de haute naissance ?

FLORIMOND.

Oh ! très-haute.

M. DOLBAN.

En effet, une telle alliance
Me semble... Écoute : il faut ne rien faire à demi.
L'ambassadeur de Londre est mon meilleur ami ;
Je vais le consulter : et si le témoignage
Qu'il rendra d'Éliante est à son avantage,
Je reviens à l'instant, et demande sa main.

FLORIMOND.

Oui, mon oncle, et plutôt aujourd'hui que demain.

M. DOLBAN.

Tu vas m'attendre ?

FLORIMOND.

Non : je vais rendre visite,
A mon ami Valmont ; mais je reviens bien vîte.

M. DOLBAN (*d'un ton sentencieux.*)

Je l'avois toujours dit : son cœur se fixera.
Attendons ; tôt ou tard, son heure arrivera ;

Et s'il trouve une femme.....

FLORIMOND (*très-vivement, et en reconduisant
son oncle.*)

Allons, elle est trouvée,
Mon cher oncle ; et mon heure est enfin arrivée.
(*M. Dolban sort.*)

SCÈNE XI.

FLORIMOND (*seul.*)

En rencontre, aujourd'hui, je suis vraiment heureux.
Pas encor de retour !... Mais quel désert affreux !
Cet hôtel est peuplé de gens peu sédentaires,
Qui, du matin au soir, courent à leurs affaires.
Dans une garnison, sans sortir de chez moi,
J'avois à qui parler... Qu'est-ce que j'aperçoi ?
Des livres !.. Je n'ai plus besoin de compagnie :
Quand j'ai des livres, moi, jamais je ne m'ennuie.
Est-il rien, en effet, de si délicieux ?
Cela tient lieu d'amis, souvent cela vaut mieux.
Que je vais m'amuser !...
(*Il prend un livre, et regarde sur le dos.*)
Ah ! ah ! c'est la *Bruyère*.
J'en fais beaucoup de cas : lisons un caractère.
(*Il lit à l'ouverture du livre.*)
« Un homme inégal n'est pas un seul homme ; ce
» sont plusieurs. Il se multiplie autant de fois qu'il a
» de nouveaux goûts et de manières différentes. Il est
» à chaque moment ce qu'il n'étoit point ; et il va être

» bientôt ce qu'il n'a jamais été. Il se succède à lui-
» même (1). »

Où donc a-t-il trouvé ce caractère-là ?
Jeux d'esprit ; tout le livre est fait comme cela.
On le vante pourtant. Voyons quelque autre chose :
Aussi-bien je suis las de lire de la prose.
Les vers, tout à la fois, charment l'œil et l'esprit ;
Par sa diversité la rime réjouit.
Voyons s'il est ici quelque poëte à lire.

(Il prend un autre livre.)

Boileau!.. Bon, celui-là ! J'aime fort la satire.

(Il lit de même à l'ouverture du livre.)

« Voilà l'homme en effet. Il va du blanc au noir ;
» Il condamne au matin ses sentimens du soir :
» Importun à tout autre, à soi-même incommode,
» Il change, à tout moment, d'esprit comme de mode :
» Il tourne au premier vent, il tombe au moindre choc,
» Aujourd'hui dans un casque et demain dans un froc (2)

(Il jette le livre sur la table.)

L'insolent ! C'est assez ; et puis, dans un auteur,
La satire, à coup sûr, décèle un mauvais cœur :
J'eus toujours du dégoût pour ce genre d'escrime.
La peste soit des vers, de cette double rime,
Exacte au rendez-vous, qui de son double son
M'apporte, à point nommé, le mortel unisson !
Mais d'un autre côté, la prose est insipide....
Il faut qu'entre les deux pourtant je me décide :

---

(1) Chapitre IX. De l'Homme.
(2) Satire 8.

Car enfin, feuilletez tous les livres divers,
Vous trouverez partout de la prose ou des vers.
(*Il s'assied, tout accablé.*)
Tout à la fois conspire à m'échauffer la bile...
Mais quelle solitude !... Aussi, dans cette ville,
Je n'avois qu'un valet pour me désennuyer;
Et je m'avise encor de le congédier !...
Mais j'entends... Oui...

SCÈNE XII.

FLORIMOND, ÉLIANTE.

FLORIMOND (*courant vers Éliante.*)

C'est vous, ô ma chère Éliante !...
Pardonnez aux transports d'une âme impatiente,
Madame.

ÉLIANTE.

Est-il bien vrai ? Florimond en ces lieux !
A peine, en ce moment, j'ose en croire mes yeux,
Quoique l'hôte, en montant, m'ait d'abord prévenue.
De grâce, dites-moi quelle affaire imprévue...

FLORIMOND.

Aucune : ou si l'amour doit ainsi se nommer,
Je n'en ai qu'une seule, et c'est de vous aimer.

ÉLIANTE.

Mais, ma demeure, enfin, qui vous a pu l'apprendre ?

FLORIMOND.

Eh ! Madame, mon cœur pouvoit-il s'y méprendre ?

Le sort en cet hôtel ne m'eût pas amené,
Qu'avant la fin du jour, je l'aurois deviné.

ÉLIANTE.

Avec mes questions, je vais être indiscrette :
Mais, encore une seule, et je suis satisfaite.
Comment avez-vous pu quitter la garnison ?

FLORIMOND.

En quittant le Service.

ÉLIANTE.

Ah !.... pour quelle raison ?

FLORIMOND.

Eh ! mais.... C'est que d'abord le Service m'ennuie.
Et puis, je ne veux plus de chaîne qui me lie....
Hors la vôtre : comblez mes souhaits les plus doux ;
Je suis tout à l'amour, Madame, et tout à vous.
Oui, sous vos seules lois, je fais gloire de vivre :
Vous voyagez ; partout je suis prêt à vous suivre :
Vous retournez à Londre, et j'en suis citoyen.
Votre pays, Madame, est désormais le mien.

ÉLIANTE.

Je ressens tout le prix d'un pareil sacrifice...
Pardon ; j'ai cru vous voir très-content du Service.

FLORIMOND.

Ah ! vous étiez à Brest alors, et je m'y plus :
Mais l'ennui règne aux lieux que vous n'habitez plus.

ÉLIANTE.

Et moi, de cet ennui m'avez-vous crue exempte ?
Aurois-je été de Brest aussi long-temps absente,

Si l'affaire qui, seule ici me fit venir,
Quinze jours, malgré moi, n'eût su m'y retenir.
Ils m'ont paru bien longs! et distraite, isolée,
Au milieu de Paris, j'étois comme exilée.

FLORIMOND.

Qu'entends-je! Vous m'auriez quelquefois regretté?
Je ne méritois pas cet excès de bonté.

ÉLIANTE.

Mais vous faisiez de même: au moins j'aime à le croire.
Je me disois : « Je suis présente à sa mémoire;
» Sans doute, il songe à moi comme je songe à lui. »
Cette douce pensée allégeoit mon ennui.

FLORIMOND (à part.)

Chaque mot qu'elle dit, ne sert qu'à me confondre.

(Haut, et avec beaucoup d'embarras.)

Ah! quel monstre, en effet, pourroit ne pas répondre...
A ces doux sentimens?... Oui, Madame... en ce jour...
Je jure qu'à jamais le plus tendre retour....

ÉLIANTE.

Eh! que me font, Monsieur, tous les sermens du monde?
Sur de meilleurs garans ma tendresse se fonde :
J'en crois votre âme franche, exempte de détours,
Qui toujours se peignit en vos moindres discours....

FLORIMOND (toujours avec embarras.)

C'en est trop... Vous jugez de mon cœur par le vôtre...
Moi, je ne prétends pas être plus franc qu'un autre.
Mais jamais de tromper je ne me fis un jeu,
Madame ; et quand ma bouche exprime un tendre aveu,

C'est que j'aime en effet, et de toute mon âme.

ÉLIANTE.

Ah ! je vous crois sans peine.

SCÈNE XIII.

FLORIMOND, ÉLIANTE, PADRIGE.

PADRIGE (*une serviette à la main.*)

On a servi, Madame.

ÉLIANTE (*à Florimond.*)

Vous dînez avec moi ?

FLORIMOND.

Vous me faites honneur.
Oui, de vous rencontrer puisque j'ai le bonheur,
Je tiens quitte Paris des beautés qu'il rassemble ;
Et vous me tenez lieu de tout Paris ensemble.

(*Il donne la main à Éliante, et sort avec elle.*)

FIN DU PREMIER ACTE.

ACTE II.

SCÈNE PREMIÈRE.

LISETTE (*seule.*)

COMME, depuis tantôt, son front s'est éclairci !
Et comme de sa voix le son s'est adouci !
J'avois cru jusqu'ici son chagrin incurable :
Mais monsieur Florimond est un homme admirable.
Hai... Son valet Crispin me revient fort aussi.
S'il pouvoit deviner que je suis seule ici ?
On vient... Ce n'est pas lui.

(Elle veut sortir.)

SCÈNE II.

LISETTE, PADRIGE.

PADRIGE (*la retenant.*)

Ma belle Demoiselle,
Écoutez donc un peu : savez-vous la nouvelle ?
Crispin est renvoyé,

LISETTE.

Bon !

PADRIGE.

Oui, vraiment,

LISETTE.

                      Hé bien ,
Voyez si dans la vie on peut compter sur rien !
Le trait est-il piquant ?

PADRIGE.

            Rassurez-vous , de grace ;
Crispin saura trouver sans peine une autre place.

LISETTE.

Mais moi, je le trouvois fort bien dans celle-ci.
Et savez-vous pourquoi , Monsieur le chasse ainsi ?

PADRIGE.

Ma foi, non.

LISETTE.

         Ce sera pour quelque bagatelle ;
Car je répondrois bien que Crispin est fidèle.
Les maîtres, sans mentir, sont étrangement faits !
Ils sont pleins de défauts, et nous veulent parfaits.

PADRIGE.

Vous prenez bien à cœur...

LISETTE (*avec dépit.*)

           Non , c'est que de la sorte
Je n'aime pas qu'on mette un laquais à la porte.
Il cherchera long-temps un aussi bon valet.

PADRIGE.

Mais je le crois trouvé ! je connois un sujet
Qui vaudra le Crispin.

LISETTE.

       Allons, je le désire.

PADRIGE.

J'aperçois Florimond.

LISETTE.

Et moi je me retire.
Car je suis en colère, et je m'emporterois.
(Elle sort.)

PADRIGE.

(Seul.)

Adieu donc. Ce Crispin lui cause des regrets :
Mais bon ! son successeur consolera la belle.

SCÈNE III.

PADRIGE, FLORIMOND.

PADRIGE.

Monsieur, je viens vous faire une offre.

FLORIMOND.

Ah ! quelle est-elle ?

PADRIGE.

Vous êtes sans laquais, m'a-t-on dit.

FLORIMOND.

Il est vrai.

Je m'en aperçois bien ; et j'ai fait un essai... ,
De m'habiller tout seul ; tant mieux ; car mon systême
Est qu'on seroit heureux de se servir soi-même.
Cependant, vous venez..?

PADRIGE.

Dussai-je être importun,
Si Monsieur désiroit un laquais, j'en sais un...

FLORIMOND.

Importun ? Au contraire, et votre offre m'oblige.
Donnez ; de votre main, mon cher monsieur Padrige,
Je le reçois d'avance.

PADRIGE.

Ah!... j'ai bien votre fait,

FLORIMOND.

Bon.

PADRIGE.

Un garçon docile, intelligent, discret,
Honnête homme, surtout.

FLORIMOND.

Eh ! voilà mon affaire.

PADRIGE.

Je le crois. Si pourtant il n'eût pas su vous plaire,
J'en avois un autre.

FLORIMOND.

Ah!.. Cet autre, quel est-il !

PADRIGE.

C'est un laquais charmant, du plus joli babil.

FLORIMOND.

Fort bien.

PADRIGE.

De la toilette il connoît les finesses ;
Il n'a servi qu'Abbés, que petites maîtresses :

Il est élégant, souple, et prompt comme l'éclair.

FLORIMOND.

J'aime mieux celui-ci.

PADRIGE (*à part.*)

Courage.

FLORIMOND.

Allez, mon cher.

PADRIGE.

J'aurois pu vous parler d'un autre domestique ;
Mais j'ai craint que Monsieur n'aimât point la musique.

FLORIMOND.

Si fait. Cet autre donc est un Musicien ?

PADRIGE.

Oui, fort habile : il est un peu fou....

FLORIMOND.

Ce n'est rien.

PADRIGE.

Sans doute. Comme un maître, il pince la guittare,
Sait jouer de la flûte.

FLORIMOND.

Eh ! c'est un homme rare.

PADRIGE.

Ce n'est pas tout ; il a le plus joli gosier,
Sa voix aux instrumens saura se marier.

FLORIMOND.

Bravo ! voilà mon homme : allons vîte, qu'il vienne.

PADRIGE.

Mais êtes-vous bien sûr, Monsieur, qu'il vous convienne?

Car le dernier toujours est celui qui vous plaît.

FLORIMOND.

Oh! non, je m'y tiendrai.

PADRIGE (*à part , voyant venir Crispin.*)

Diable! un autre paroît.

<h1 align="center">SCÈNE IV.</h1>

<h2 align="center">FLORIMOND, PADRIGE, CRISPIN
(*en habit de Baigneur.*)</h2>

CRISPIN (*à part de loin.*)

Ferme, Crispin : Monsieur te reprendra peut-être.

FLORIMOND.

Qu'est-ce ?

CRISPIN (*avec l'accent gascon.*)

C'est moi, Monseu.

FLORIMOND.

Que cherchez-vous ?

CRISPIN.

Un Maître.

FLORIMOND.

(*A part.*)   (*Haut.*)

Ce garçon-là me plaît.   Padrige , laissez-nous.

PADRIGE (*bas à Crispin.*)

Monsieur aime à changer.

CRISPIN (*bas aussi.*)

Jé lé sais mieux qué vous.

PADRIGE (*à Florimond.*)

Et ce laquais, faut-il... ?

FLORIMOND.

Non, ce n'est pas la peine.

PADRIGE (*à part, en s'en allant.*)

Tant mieux : il n'auroit pas achevé la semaine.

SCÈNE V.

FLORIMOND, CRISPIN.

FLORIMOND.

On te nomme ?

CRISPIN (*toujours avec l'accent gascon.*)

La Flur, pour vous servir.

FLORIMOND.

La Fleur !

J'aime ce nom.

CRISPIN.

Monseu mé fait beaucoup d'honneur.

FLORIMOND.

D'où sors-tu donc ?

CRISPIN.

De chez un ancien Militaire.

FLORIMOND.

Quel homme ?

CRISPIN.

Eh mais, il est d'un fort bon caractère,

Parfois un peu bizarre, à ne vous point mentir ;
Mais, tout coup vaille, encor je voudrois le servir.

FLORIMOND.

Pourquoi l'as-tu quitté ?

CRISPIN.

C'est bien lui qui mé quitte.

FLORIMOND.

Et pour quelle raison ?

CRISPIN.

Il né mé l'a pas dite,

Monseu.

FLORIMOND.

Ton air, je crois, ne m'est pas inconnu.

CRISPIN.

Mais.. Quéque part aussi.. je crois vous avoir vu.

FLORIMOND.

Eh mais..

CRISPIN (à part.)

Nous y voilà.

FLORIMOND.

N'est-ce pas toi ?

CRISPIN.

Peut-être.

FLORIMOND.

Mais oui, c'est toi, Crispin.

CRISPIN (reprenant sa voix naturelle.)

Non pas, mon ancien Maître ;
Ce

Ce n'est plus lui : Crispin n'étoit point votre fait ;
Il n'étoit plus le mien, et je m'en suis défait.

FLORIMOND.

Es-tu fou ?

CRISPIN.

Mais, Monsieur, franchement, pour vous plaire,
J'ai d'un peu de folie orné mon caractère.
D'abord d'un autre nom j'ai trouvé le secret,
Et je me doutois bien que ce nom vous plaîroit.
J'ai, dépouillant ma cape et mes gants, et ma veste,
Pris d'un valet de chambre et l'habit et le geste ;
J'ai mis bas la bottine, et chaussé l'escarpin :
Vous voyez bien, Monsieur, que ce n'est plus Crispin.

FLORIMOND.

Le stratagème est neuf, et ne peut me déplaire.

CRISPIN.

Oh ! vous me reprendrez : car je suis votre affaire.
J'ai senti que j'avois mérité mon congé.
Mais je suis jeune encor : j'ai tout à coup changé
De manières, de ton, et presque de visage.

FLORIMOND.

Tant mieux.

CRISPIN.

Crispin, dit-on, s'avisoit d'être sage.
Le faquin ! Oh, la Fleur est un franc libertin.
C'étoit un buveur d'eau que ce monsieur Crispin.
Le fat ! La Fleur boit sec. J'ai su que l'imbécile,
Valet officieux, souple, exact et docile,
Couroit au moindre signe, et servoit rondement.
Patience : la Fleur est un bon garnement

Qui vous fera par jour donner cent fois au Diable.
Mais on m'a dit encore un trait plus pitoyable :
Il se donnoit les airs d'être honnête homme ; fi !

FLORIMOND.

Oh , j'entends que la Fleur le soit.

CRISPIN.

Cela suffit.

Hé bien ?

FLORIMOND.

Je te reprends. Mais si tu veux qu'on t'aime ,
Plus de Crispin.

CRISPIN.

Parbleu ! n'en parlez plus vous-même.
Parlons plutôt ici , parlons de vos amours.
Éliante , Monsieur , vous plaît-elle toujours ?

FLORIMOND (*avec embarras.*)

Pourquoi me rappeler le nom de cette Dame ?
Il m'afflige, et de plus m'accuse au fond de l'ame...
Elle étoit estimable, et j'en tombe d'accord...
Oh , je ne change pas , et je l'estime encor... ;
Et tu me fais songer que, dans ce moment même,
Mon oncle, qui toujours suppose que je l'aime ,
Fait à ce sujet-là des démarches pour moi :...
Mais enfin , à mon âge , est-on maître de soi ?
Que veux-tu ?... De mon cœur je suis la douce pente ;
J'aime , la Fleur, j'adore une fille charmante.

CRISPIN.

Bon !

FLORIMOND.

La sœur de Valmont , que je quitte à l'instant.

CRISPIN.

A tous vos traits, Monsieur , jamais on ne s'attend.

FLORIMOND.

Je ne m'attendois pas à celui-ci, moi-même :
Nouveau César, je viens, je la vois, et je l'aime.

CRISPIN.

Et pourroit-on savoir.... ?

FLORIMOND.

     Le voici sans détour.
J'entretenois Valmont de mon nouvel amour.
Tandis qu'à ses transports mon âme s'abandonne ,
On ouvre... J'aperçois une jeune personne...
Divine : son maintien, ses grâces, sa douceur,
Tout me ravit d'abord. Il l'appelle sa sœur :
Moi, j'ignorois qu'il eût une sœur aussi chère :
Elle étoit au couvent, quand je connus son frère.
Elle parla fort peu, mais ce peu me suffit ;
Et je répondrois bien qu'elle a beaucoup d'esprit.
Le seul son de sa voix annonce une belle ame :
Que te dirai-je enfin de ma naissante flamme ?
Elle sortit bientôt, et je l'aimois déjà.

CRISPIN.

Quoi ! si vîte ?

FLORIMOND.

    Il est vrai qu'un coup d'œil m'engagea.
Mais , vois-tu ? cette chaîne est la mieux assortie :
C'est là ce qu'on appelle amour de sympathie.
Souvent l'on est d'avance unis, sans le savoir,
Et l'on n'a, pour s'aimer, besoin que de se voir :
Voilà comment ici la chose est arrivée.

CRISPIN.

Oui, cette sympathie est assez bien trouvée.

FLORIMOND.

Ce n'est pas tout encor. Ils ont quelques instans
Parlé tout bas : j'admire et me tais : mais j'entends
Qu'ils projettent d'aller bientôt à la campagne :
« Ah ! (dis-je) permettez que je vous accompagne ».
« Volontiers (dit Valmont); mais pendant quinze jours
» Pourras-tu te résoudre à quitter tes amours ? »
J'insiste, on y consent ; je suis de la partie.

CRISPIN.

Courage. Allons, Monsieur, vive la sympathie !

FLORIMOND.

Ah ! la Fleur, quel plaisir je me promets d'avoir !
Pendant quinze grands jours, je m'en vais donc la voir,
L'entendre, lui parler, enfin vivre auprès d'elle.
J'espère, je l'avoue, amant discret, fidelle,
Faire agréer mes soins, mon hommage, mes vœux,
Et peut-être obtenir quelques touchans aveux.
Je crois qu'à la campagne on est encor plus tendre,
Que d'aimer, tôt ou tard, on ne peut s'y défendre.
Bois, prés, fleurs, d'un ruisseau les aimables détours,
Et ce peuple d'oiseaux qui chantent leurs amours,
Tout, le charme puissant de la nature entière,
Pénètre, amollit l'âme, et l'âme la plus fière.
Quand on aime une fois, rien ne distrait d'aimer :
On est tout à l'objet qui nous a su charmer.
On ne se quitte plus, comme deux tourterelles...
(Car à chaque pas, là, vous trouvez des modèles),
Promenades, travaux, plaisirs, tout est commun ;
Et tous deux... mais que dis-je ? alors, on n'est plus qu'un.

CRISPIN.

Vous voilà tout rempli de votre amour champêtre !
Et quelque jour, Monsieur, assis au pied d'un hêtre,

Je m'attends à vous voir, au milieu d'un troupeau,
Soupirer pour Philis, bergère du hameau.

FLORIMOND.

Tu ris, mais j'étois fait pour y passer ma vie.
Heureux cultivateur, que je te porte envie !
Ton air est toujours pur, ainsi que tes plaisirs ;
Mille jeux innocens partagent tes loisirs.
Tu vois mourir le jour, et renaître l'aurore ;
Ton œil, à chaque pas, voit la nature éclore ;
Ta femme est belle, sage, et tes enfans nombreux....
Non, ce n'est plus qu'aux champs que l'on peut être heureux.

CRISPIN.

Au moins, n'espérez pas que la Fleur vous imite :
Le diable étoit plus vieux quand il se fit ermite.
Et puis, vous connoissez le bon monsieur Dolban :
Donnera-t-il les mains à votre nouveau plan,
Lui qui, pour l'autre hymen (car c'est vous qui le dites),
S'occupe, en ce moment, à faire des visites ?

FLORIMOND.

Eh ! que m'importe ? aussi pourquoi se presser tant ?
Voyez, ne pouvoit-il différer d'un instant ?
Voilà comme est mon oncle ; il prend tout à la lettre :
Jamais au lendemain on ne l'a vu remettre.
Et puis il aime fort ces commissions-là,
Négociation, demande, *et cætera* ;
Il croit en ce moment conduire une ambassade.
Mais il pourroit venir ; et de peur d'incartade,
Je sors, moi... mais on vient, et c'est peut-être lui.

CRISPIN.

C'est Madame Éliante.

FLORIMOND.
Autre surcroît d'ennui.

(*Il prête l'oreille.*)

C'est elle-même. Dieu ! quel pénible martyre !
Comment l'aborderai-je , et que lui vais-je dire ?

(*Il rêve un moment.*)

Je lui vais dire , moi , la chose comme elle est ;
Que je ne l'aime plus , et qu'une autre me plaît :
Je crois qu'il est affreux de tromper une femme.

(*A Crispin.*)

Laisse-nous.

(*Crispin sort.*)

SCÈNE VI.

FLORIMOND, ÉLIANTE.

ÉLIANTE (*en voyant Florimond.*)

Ah ! Monsieur....

FLORIMOND (*avec beaucoup d'embarras.*)

Pardon... il faut , Madame...

(*A part.*)

Je ne puis plus long-temps... Mais non. Un tel aveu
Seroit trop dur : il faut le préparer un peu ;

(*Haut.*)

J'y vais songer. Madame... Excusez ma conduite...
De tout , dans un moment , vous allez être instruite.

(*Il sort très-précipitamment.*)

SCENE VII.

ÉLIANTE (*seule.*)

Qu'entend-il par ces mots, et par ce brusque adieu ?
On diroit qu'il a peine à me faire un aveu...
Dieu ! si cet embarras, cette fuite si prompte,
D'un fatal abandon cachoit toute la honte ?...
Si c'étoit !... on le dit inconstant et léger...
Je n'aurois inspiré qu'un amour passager !
Seroit-il vrai ?... Mais quoi, peut-être je m'abuse :
Peut-être, sans sujet, d'avance je l'accuse.
Florimond, après tout, peut bien être distrait...
Que sais-je ? il est très-vif ; et j'ai vraiment regret
D'avoir formé trop vîte un soupçon téméraire
Sur un cœur que je crois généreux et sincère.
Attendons jusqu'au bout ; ne précipitons rien :
S'il me trahit, hélas ! je le saurai trop bien.

SCÈNE VIII.

ÉLIANTE, M. DOLBAN.

M. DOLBAN.

J'ai l'honneur de parler à madame Éliante ?

ÉLIANTE.

Oui, Monsieur.

M. DOLBAN.

Librement à vous je me présente,

Madame... Mais je suis Dolban, Ambassadeur
Deux fois, à Pétersbourg, à Madrid.

É L I A N T E.

Ah ! Monsieur !

Votre nom m'est connu.

M. D O L B A N.

J'ai cru que sans scrupule,

Je pouvois supprimer tout fade préambule.
Je m'explique en deux mots : Florimond, mon neveu,
Brûle de voir l'hymen couronner son beau feu.
S'il est digne à vos yeux d'une faveur si grande,
J'ose en venir pour lui faire ici la demande.

É L I A N T E.

(*A part.*)   (*Haut.*)

Je respire : voilà tout son secret. Monsieur,
La demande pour moi n'a rien que de flatteur ;
Et d'un début si franc, bien loin d'être surprise,
Je m'en vais y répondre avec même franchise.
Monsieur votre neveu, dès que je le connus,
M'inspira de l'estime.... et s'il faut dire plus,
Il m'inspira bientôt un sentiment plus tendre.
C'est bien assez, je crois, Monsieur, vous faire entendre
Quel prix j'attache aux soins qu'il me rend aujourd'hui.

M. D O L B A N.

Que de grâces je dois vous rendre ici pour lui !

É L I A N T E.

Un peu trop librement peut-être je m'exprime.

M. D O L B A N.

Cela ne fait pour vous qu'augmenter mon estime,

Madame ; ce ton-là fut toujours de mon goût.

ÉLIANTE.

En ce cas, permettez que, franche jusqu'au bout,
D'une crainte que j'ai je vous fasse l'arbitre :
Estimable d'ailleurs, et même à plus d'un titre,
Généreux, plein d'honneur.... Monsieur votre neveu
Passe pour inconstant.... et je le crains un peu.

M. DOLBAN.

Rassurez-vous, Madame : on peut bien, à cet âge,
Être vif et léger, et même un peu volage :
Mais, fût-il inconstant, c'est un léger défaut,
Dont près de vous, sans doute, il guériroit bientôt.
Car votre Ambassadeur, qu'en ce moment je quitte,
M'a peint en peu de mots votre rare mérite...
Pardon... daignerez-vous me marquer l'heureux jour
Où Florimond verra couronner son amour ?

ÉLIANTE.

Monsieur...

M. DOLBAN.

             Mais c'est à lui de vous presser lui-même ;
Un tel soin le regarde, il est jeune, il vous aime ;
Et sur son éloquence on peut se reposer.

ÉLIANTE.

A la vôtre, Monsieur, que peut-on refuser ?
Mais souffrez qu'à présent chez moi je me retire ;
Ce que je vous ai dit, vous pouvez le lui dire.
(*M. Dolban la reconduit jusqu'à la porte de son*
appartement.)

SCÈNE IX.

M. DOLBAN (*seul.*)

Cette femme est aimable, oui, très-aimable... au fond,
Je porte, je l'avoue, envie à Florimond.
Allons voir les parens, avertir le Notaire;
En un mot, brusquement, terminons cette affaire.
L'homme est vif, sémillant, difficile à saisir :
D'échapper, cette fois, qu'il n'ait pas le loisir.

SCÈNE X.

M. DOLBAN, FLORIMOND.

M. DOLBAN (*de loin, à part.*)

Mais le voici, je vais faire un homme bien aise.
(*Haut.*)
Hé bien, l'Ambassadeur connoît fort notre Anglaise.

FLORIMOND.

Vraiment ?

M. DOLBAN.

Il m'en a fait un éloge complet.
Moi-même, je l'ai vue, et la trouve en effet
Telle que tous les deux vous me l'aviez dépeinte.
Je déclare tes feux ; elle y répond sans feinte :
Je demande sa main et sa main est à toi :
Maintenant, Florimond, es-tu content de moi?

FLORIMOND (*avec embarras.*)

Mon oncle... assurément... Je ne saurois vous rendre...
Je suis confus des soins que vous voulez bien prendre.

M. DOLBAN.

Mon ami, je les prends avec un vrai plaisir :
Je suis tout délassé, quand j'ai pu réussir.
Je vais disposer tout pour la cérémonie,
Et veux que dans trois jours l'affaire soit finie.

FLORIMOND.

Dans trois jours ?

M. DOLBAN.

Oui, mon cher : j'espère, dans trois jours,
Par un heureux hymen couronner tes amours.

FLORIMOND.

Mon oncle... Vous allez un peu vîte peut-être ;
A peine, en vérité, peut-on se reconnoître.

M. DOLBAN.

Comment..? Tu trouves donc que trois jours sont trop peu..!

FLORIMOND.

Je trouve que l'hymen n'est point du tout un jeu,
Et qu'on ne sauroit trop y réfléchir d'avance.

M. DOLBAN.

Toi-même me pressois de faire diligence.

FLORIMOND.

Oui... C'est que, d'un peu loin, l'hymen a mille attraits ;
Mais je tremble, mon oncle, en le voyant de près.

M. DOLBAN.

Tu trembles?.. il est temps, quand j'ai fait la demande!
Et dis-moi, d'où te vient une frayeur si grande?
Eh quoi ? l'amant qui touche au moment désiré
D'être uni pour jamais à l'objet adoré,
De joie et de plaisir tressaille ; et tu frissonnes!
Quoi ? l'union des cœurs, bien plus que des personnes,

Union dont jamais n'approcha l'amitié,
Les doux embrassemens d'une tendre moitié,
D'une épouse, à la fois, modeste et caressante,
Ce riant avenir te glace et t'épouvante !
Insensible à l'espoir de renaître avant peu
Dans un enfant chéri, gage du plus beau feu,
D'embrasser de tes traits une image aussi chère,
Tu trembles, en songeant au bonheur d'être père !
Ah ! si ce sont pour toi des maux à redouter,
Je crains pour les plaisirs que tu sauras goûter.

FLORIMOND.

Permettez : le portrait d'une épouse chérie
S'offre bien quelquefois à mon âme attendrie :
Quelquefois je souris à ce groupe joyeux
De quatre ou cinq enfans qui croissent sous mes yeux,
Et je voudrois déjà d'un tableau qui m'enchante
Voir se réaliser l'image si touchante.....
Mais je songe à l'instant qu'à tous ces chers objets
Je serai, par des nœuds, attaché, pour jamais,
Que ce qui fut d'abord un penchant volontaire,
Bientôt va devenir un bonheur nécessaire.
Ce spectacle dès lors perd toute sa beauté :
Dès lors, je n'y vois plus que la nécessité :
Et puisque l'on ne peut, grâce à la loi sévère,
Sans cesser d'être libre, être époux, être père ;
Mon cher oncle, à ce prix, je ne suis point jaloux
D'acheter les beaux noms et de père et d'époux.

M. DOLBAN.

Ainsi l'on ne sent plus maintenant, on raisonne !
Par le raisonnement, ainsi l'on empoisonne
La source du bonheur, des plaisirs les plus doux !
Hé bien, j'étois né, moi, pour être père, époux....

L'aspect d'un couple heureux m'a toujours fait envie.
Oui, l'hymen auroit fait le bonheur de ma vie :
A mon amour pour toi je l'ai sacrifié ;
Et sans toi, sans toi seul, je serois marié.

FLORIMOND.

Mon oncle, je le sais, et je vous en rends grace :
Mais faudroit-il que, moi, je me sacrifiasse ?
Ce n'est pas seulement l'hymen en général
Que je redoute ici : je crains de choisir mal.
Je le vois, Éliante est une philosophe,
Qui de rien ne s'émeut, qui jamais ne s'échauffe,
Qui ne rit pas, je gage, une fois en un jour,
Et, quand il faut aimer, disserte sur l'amour.
Elle a beaucoup d'esprit, elle est sage, elle est belle ;
Mais j'ai peur, entre nous, de m'ennuyer près d'elle.

M. DOLBAN.

Voilà donc tes raisons ! elles me font pitié.
De mes soins c'est ainsi que je me vois payé !
Ainsi, mal à propos, j'ai fait une demande :
On m'a donné parole, il faut que je la rende ;
Et tu viens te dédire au moment du contrat !
Peux-tu donc à ce point me compromettre, ingrat ?

FLORIMOND.

Je suis mortifié de ces démarches vaines....

M. DOLBAN.

Tu pourrois d'un seul mot payer toutes mes peines.
Dis seulement, dis-moi que tu l'épouseras.

FLORIMOND.

Je ne puis, en honneur.

M. DOLBAN.

              Tu ne le veux donc pas ?

FLORIMOND.

Mais quel acharnement, mon oncle, est donc le vôtre?
Puis-je, aimant une femme, en épouser une autre?

M. DOLBAN.

Comment...?

FLORIMOND.

    Oui, pour trancher d'inutiles discours,
J'aime une autre, vous dis-je, et l'aimerai toujours.

M. DOLBAN.

Je ne m'attendois pas à ce trait, je l'avoue :
Aimer une autre ! ainsi de son oncle on se joue !
Quoi, pendant que je fais des démarches pour toi,
Tu cours aux pieds d'une autre, et lui promets ta foi !
Mais à mon tour aussi je m'en vais te confondre :
Pour la dernière fois, il s'agit de répondre...
Ne crois pas qu'à ton gré je consente à fléchir.
Je veux bien te donner du temps pour réfléchir.
Florimond, dans une heure il faut me satisfaire,
Ou.... tu verras alors ce que je saurai faire.

SCÈNE XI.

FLORIMOND (*seul.*)

Eh mais ! de ce ton-là je suis un peu surpris.
Que me veut-il enfin? je ne suis point son fils.
On se fait un devoir d'obéir à son père :
On cède avec plaisir aux ordres d'une mère :
Pour les oncles ! ma foi, l'on ne dépend pas d'eux.
    (*Il regarde à sa montre.*)
Mais Valmont et sa sœur sont sortis tous les deux.

Qu'ai—je à faire? Voyons : j'aime la vie active.
  (*Il rêve.*)
Ah ! bon ! La Fleur!... La Fleur ! Mais voyez s'il arrive ?
On ne sauroit jouir de ce maudit valet.
La Fleur !... Il ne vient plus que quand cela lui plaît...
Il me l'avoit bien dit... Ce coquin-là se forme...
Cela gêne pourtant. Je vais voir... pour la forme,
L'Opéra, les Français et les Italiens :
Je ne fais qu'y paroître, et bientôt je reviens.

FIN DU SECOND ACTE.

ACTE III.

SCÈNE PREMIÈRE.
ÉLIANTE, LISETTE.

LISETTE.

Un si prompt changement a lieu de me surprendre,
Madame, pardonnez... Mais ne pourrois-je apprendre
La cause du chagrin, du trouble où je vous voi ?

ÉLIANTE (*une lettre à la main, très-émue.*)
Je ne veux plus jamais croire à la bonne foi.

LISETTE.

Vous avez lu vingt fois, et relu cette lettre
Qu'à l'instant en vos mains l'hôte vient de remettre :
C'est elle qui, sans doute, a causé tout le mal.

ÉLIANTE.

Il est trop vrai, Lisette ; et ce courrier fatal
M'apprend de Florimond, l'action la plus noire.
A Brest, au premier jour, aurois-tu pu le croire ?
Il va se marier, et le contrat est fait.

LISETTE.

Qu'entends-je ? Un trait pareil est bien noir en effet.

ÉLIANTE.

Essuya-t-on jamais un plus sensible outrage ?
Oui, j'en pleure à la fois et de honte, et de rage.

LISETTE.

LISETTE.

Madame, trêve, en grâce, à ce trouble mortel.

ÉLIANTE.

Je ne puis un moment rester en cet hôtel.
Hélas! moi, je croyois que cette impatience...
Eh! qui n'eût, à ma place, eu même confiance?
Qui n'auroit cru de même à cette vive ardeur,
A ces transports brûlans?... Je vantois sa candeur!

LISETTE.

Madame, tout cela me paroît impossible.

ÉLIANTE.

Ce qui porte à mon cœur le coup le plus sensible,
Lisette, ce n'est pas son infidélité;
C'est sa noirceur profonde, oui, c'est sa fausseté.
Il pouvoit m'oublier, il en étoit le maître;
Mais de m'en imposer qui le forçoit?... le traître!
« Non, jamais de tromper je ne me fis un jeu,
» (Disoit-il); quand ma bouche exprime un tendre aveu,
» C'est que j'aime en effet. »

LISETTE.

Nous avoir abusées!
Voyez pourtant à quoi nous sommes exposées!
Mais c'est peut-être un bruit que l'on a répandu :
Pourquoi le condamner sans l'avoir entendu?

ÉLIANTE.

Oui, tu m'y fais songer. J'ai tort : hélas! peut-être
C'est sur de faux rapports que je le crus un traître.
Attendons, en effet. Justement le voici :
Laisse-nous : avant peu, j'aurai tout éclairci.

(*Lisette sort.*)

SCÈNE II.

ÉLIANTE, FLORIMOND.

FLORIMOND (*à part de loin, en apercevant Éliante.*)

Encor !

ÉLIANTE.

Soulagez-moi d'une peine cruelle,
Monsieur.

FLORIMOND.

(*A part.*)

Qui ? moi, Madame ? Ah ! bon Dieu ! sauroit-elle
Que la sœur de Valmont ?...

ÉLIANTE.

A l'instant je reçoi
Un avis, mais auquel je n'ose ajouter foi.

FLORIMOND (*à part.*)

Allons, elle sait tout.

ÉLIANTE.

Une action si noire
Est indigne de vous, je ne dois point y croire.
On dit, Monsieur....

FLORIMOND.

Hé bien, je le nîrois à tort,
Madame : on vous a fait un fidèle rapport.

ÉLIANTE.

Qu'entends-je ?

FLORIMOND.

Il est trop vrai. Je confesse à ma honte
Une infidélité si coupable et si prompte.

ÉLIANTE.

Eh quoi ! Monsieur.... j'en crois à peine un tel aveu :
Quoi, vous ?... c'est donc ainsi que l'on se fait un jeu ?...

FLORIMOND.

Madame, j'avoûrai que je suis bien coupable.
Oui, je sens qu'à vos yeux je suis inexcusable ;
Aussi je suis bien loin de me justifier.
Un autre, dans ma place, auroit su tout nier :
Un autre eût fait mentir ses yeux et son visage ;
Mais je ne fis jamais ce vil apprentissage.
Je suis léger, volage, et j'ai bien des défauts ;
Mais du moins je n'ai pas un cœur perfide et faux.

ÉLIANTE.

Ce langage m'étonne, il faut que je le dise.
Il vous sied bien, Monsieur, de jouer la franchise,
A vous, qui me cachant un indigne secret....!

FLORIMOND.

Ah! si je me suis tû, ce n'étoit qu'à regret.
Vous dûtes voir combien une telle contrainte
Coûtoit à ma franchise, et que la seule crainte
Retenoit mon secret, tout près de m'échapper.
Mais se taire, après tout, ce n'étoit pas tromper.

ÉLIANTE.

Vous soutenez fort bien ce noble caractère.
Comme si vous n'aviez fait ici que vous taire !

De grâce, dites-moi, quel fut votre dessein,
Quand votre oncle pour vous vint demander ma main ?
Répondez.....

FLORIMOND.

A cela, je répondrai, Madame,
Que mon oncle ignoroit cette subite flamme.

ÉLIANTE.

Allons, fort bien. Mais vous, Monsieur, vous le saviez,
Quand ici même, ici, vous sûtes à mes piés
Prodiguer les sermens d'une amour éternelle.

FLORIMOND.

Moi, Madame ? depuis ma passion nouvelle,
Je ne vous ai pas dit un mot de mon amour.

ÉLIANTE.

J'admire un tel sang-froid. Quoi ! Monsieur, en ce jour,
Plus tendre que jamais, plein d'une ardeur extrême.
Vous n'êtes pas venu me dire, *je vous aime* ?

FLORIMOND.

Sans doute, je le dis, Madame, j'en convien,
Et quand je le disois, mon cœur le sentoit bien.

ÉLIANTE (*à part.*)

O ciel ! à sa franchise aurois-je fait injure ?
Expliquons-nous ici, Monsieur, je vous conjure.
M'auroit-on abusée en voulant m'informer
Des nœuds que votre main étoit près de former ?

FLORIMOND.

Non, Madame.

ÉLIANTE.

C'est donc vous qui m'avez trompée ?

FLORIMOND.

Non, Madame.

ÉLIANTE.

A présent, me voilà retombée
Dans mon incertitude et mes premiers combats.
Eh quoi! Monsieur, tantôt vous ne me trompiez pas?

FLORIMOND.

Non, je suis infidèle, et ne suis point un traître.

ÉLIANTE.

Point traître, dites-vous? Et n'est-ce donc pas l'être,
Que de venir ici m'engager votre foi,
Quand vous êtes, à Brest, près d'épouser?

FLORIMOND.

Qui? moi?
Je n'épouse personne à Brest, je vous le jure.

ÉLIANTE.

Monsieur, c'est trop long-temps soutenir l'imposture.
Il n'est pas vrai qu'à Brest vous êtes sur le point
D'épouser Léonor?....

FLORIMOND.

Je ne l'épouse point.

ÉLIANTE.

C'en est trop.

FLORIMOND.

Jusqu'au bout, écoutez-moi, de grace;
Il s'en est peu fallu que je ne l'épousasse.
Pardonnez.... envers vous je ressens tous mes torts.
Mais enfin, revenu de mes premiers transports,

J'ai couru jusqu'ici pour fuir ce mariage.
Je vous ai fait tantôt honneur de ce voyage,
Et je n'ai qu'en cela blessé la vérité :
Encore pour le faire, il m'en a bien coûté.
Mais tout le reste est vrai : mon ardeur se réveille,
Dès qu'ici votre nom vient frapper mon oreille ;
Et c'est de bonne foi, Madame, qu'en ce jour
Je jurois à vos pieds un éternel amour.

ÉLIANTE.

Ah ! je respire... Et moi, trop prompte, je l'accable !...
Ainsi de fausseté vous n'étiez point coupable ?

FLORIMOND.

Madame, sans cela, je le suis bien assez.

ÉLIANTE.

Ne parlons plus de torts ; ils sont tous effacés.

FLORIMOND.

Tantôt, à ce pardon j'aurois osé prétendre,
Mais....

ÉLIANTE.

Hé bien ?

FLORIMOND.

Maintenant...

ÉLIANTE.

Je ne puis vous entendre.
Expliquez-vous.

FLORIMOND.

Hélas ! si je m'explique mieux,
Madame, je m'en vais vous paroître odieux.

ÉLIANTE.

Votre aveu, me dût-il porter un coup bien rude,
Je le préfère encore à cette incertitude.
Parlez, Monsieur, parlez.

FLORIMOND.

Hé bien, puisqu'il le faut,
C'est qu'...en vous attendant chez mon ami.... Tantôt....
J'ai trouvé... Mais pourquoi vous perdois-je de vue?
D'une charmante sœur la visite imprévue...
Je ne saurois poursuivre, embarrassé, confus...

ÉLIANTE.

J'entends; épargnez-moi ces discours superflus.

FLORIMOND.

Un tel aveu, sans doute, a droit de vous déplaire.

ÉLIANTE.

Il ne mérite pas seulement ma colère;
Adieu.

(*Elle sort.*)

SCÈNE III.

FLORIMOND (*seul.*)

Je m'attendois à ce parfait dédain....
Il ne lui sied pas mal, et ce dépit soudain
Donne un air plus piquant à toute sa personne,
Elle paroît très-fière... Et même je soupçonne...
Ah! la sœur de Valmont vaut encor mieux pourtant:
Peut-on, quand on la voit, n'être pas inconstant?

(*Il voit M. Dolban.*)

Allons la voir. Mon oncle! O qu'il m'impatiente!

SCÈNE IV.

FLORIMOND, M. DOLBAN.

M. DOLBAN.

L'heure est passée : hé bien, sur l'hymen d'Éliante
As-tu changé d'avis ?

FLORIMOND (*fièrement.*)
Je n'en change jamais.

M. DOLBAN.

Tu ne l'épouses point ?

FLORIMOND.
Non, je vous le promets.

M. DOLBAN.

Pour la troisième fois, pesez votre réponse :
Renoncez-vous enfin à sa main ?

FLORIMOND.
J'y renonce.

M. DOLBAN.

C'est votre dernier mot ?

FLORIMOND.
Oui, Monsieur.

M. DOLBAN.
En ce cas,
Je vais prendre un parti que tu ne prévois pas.
Je n'ai que cinquante ans, je suis libre, je l'aime ;
Je me propose, moi.

FLORIMOND.
Vous, mon oncle ?

M. DOLBAN.
Moi-même.

Sottement, pour toi seul, j'étois resté garçon :
J'étois trop bon vraiment !

FLORIMOND (*reprenant un air détaché.*)

Oui, vous avez raison,
Mon oncle ; dans la vie, il faut se satisfaire.

M. DOLBAN.

Elle aura tout mon bien, je n'en fais point mystère.

FLORIMOND.

Chacun peut, à son gré, disposer de son bien.
Tout le vôtre est à vous, et je n'y prétends rien.

M. DOLBAN.

Nous verrons si toujours cela te fera rire !
Je n'ose encor la voir, mais je lui vais écrire.

(*Il veut sortir.*)

FLORIMOND.

Ne sortez point ; ici, vous avez ce qu'il faut :
La lettre et la réponse arriveront plutôt.
De grâce, asseyez-vous, mettez-vous à votre aise,

(*Pendant que son oncle écrit, il se parle à lui-*
même.)

Qu'il se hâte, morbleu ! d'épouser son Anglaise,
Et me laisse en repos. Les momens sont si chers !
Voilà, je gage, au moins deux heures que je perds.
Je brûle de revoir la beauté que j'adore ;
Car je l'ai vue à peine, et ne sais pas encore
Comment elle se nomme ; en un mot, je ne sais
Rien, sinon que je l'aime, et qu'elle a mille attraits.

(*Il se retourne vers son oncle et le regarde.*)

(Haut.)

Il prend la chose au vif. En ce tendre langage,
Vous n'aviez pas écrit depuis long-temps, je gage?

M. DOLBAN (pliant sa lettre.)

Pas tant que toi.

FLORIMOND.

Je crois que vous me peignez mal.
Il faut se défier toujours de son rival.

M. DOLBAN.

C'est fait.

FLORIMOND (appelle.)

Crispin!... La Fleur!

SCÈNE V.

M. DOLBAN, FLORIMOND, CRISPIN.

CRISPIN.

Monsieur?

FLORIMOND.

Prends cette lettre;
A Madame Éliante, allons, cours la remettre.

CRISPIN.

J'y vais, Monsieur.

M. DOLBAN.

Reviens, et je t'attends ici.
(Crispin entre chez Éliante.)

SCÈNE VI.

M. DOLBAN, FLORIMOND.

FLORIMOND.

Mon oncle jusqu'au bout soutiendra le défi.

M. DOLBAN.

Oh, ne crois pas que moi, sitôt je me démente.
Trop heureux d'obtenir une femme charmante,
De joindre à ce bonheur le plaisir, non moins doux,
De punir un ingrat, un....

FLORIMOND.

     Calmez ce courroux.
On n'a plus rien à dire, alors que l'on se venge.
Bien loin de m'en vouloir, parce qu'ici je change,
Sachez-m'en gré plutôt ; et convenez enfin,
Que c'est à mon refus que vous devrez sa main.

M. DOLBAN.

Hai... Tel qui feint de rire, enrage au fond de l'ame.

FLORIMOND.

Certes, ce n'est pas moi, je n'aime plus la Dame,
Vous l'adorez ; hé bien, tout s'arrange ici-bas :
Vous l'épousez, et moi, je ne l'épouse pas.

SCÈNE VII.

M. DOLBAN, FLORIMOND, CRISPIN
(une lettre à la main.)

FLORIMOND *(à Crispin.)*

Déjà ?

CRISPIN.

Comme j'entrois, Madame alloit écrire.
(A M. Dolban, en lui remettant la lettre.)
Puis vous n'en aurez pas, je crois, beaucoup à lire.
(A Florimond.)
Eh mais, je ne sais pas ce que Madame avoit :
Je l'observois, Monsieur, pendant qu'elle écrivoit...

FLORIMOND.

Sors.

SCÈNE VIII.

M. DOLBAN, FLORIMOND.

FLORIMOND *(à M. Dolban, qui lit.)*

Hé bien ? Quoi ! l'effet trompe-t-il votre attente ?
Elle ne veut pas même, hélas ! être ma tante !

M. DOLBAN.

Apprenez à quel point vous êtes odieux ;
Le seul nom de votre oncle est un tort à ses yeux.
Mariez-vous ou non, il ne m'importe guères :
Je ne me mêle plus de toutes vos affaires.

(Il sort.)

SCÈNE IX.

FLORIMOND (*seul.*)

Tant mieux. Voyez un peu quel bruit ces oncles font !

SCÈNE X.

FLORIMOND, CRISPIN.

FLORIMOND (*à Crispin, qui lui remet une lettre.*)
Ah ! ah ! de quelle part ?

CRISPIN.
De chez monsieur Valmont.

FLORIMOND.
Donne, mon cher la Fleur. Ouvrons vîte : sans doute,
Il me marque le jour où l'on se met en route.
Attends.

(*Il lit tout haut.*)

« Pardon, mon cher ami, si je ne vais pas te rendre
» ta visite. Je ne le puis aujourd'hui, ayant une affaire
» pressée à terminer avant mon départ. Car, toutes ré-
» flexions faites, nous partons demain matin, si tu le
» veux bien. Aie soin de te tenir tout prêt... »

Je le serai. La Fleur, va promptement
Préparer tout : allons, ne perds pas un moment.

CRISPIN.
Tout sera prêt, Monsieur.

(*Il sort.*)

SCÈNE XI.

FLORIMOND (*seul.*)

                    O la bonne nouvelle !
A demain, c'est demain que je pars avec elle.
Poursuivons.
« Ma sœur est enchantée que tu sois du voyage : elle
» paroît t'estimer beaucoup... »
                    De nouveau, lisons ces mots charmans :
« Ma sœur est enchantée que tu sois du voyage : elle
» paroît t'estimer beaucoup... »
Ah ! j'espère inspirer de plus doux sentimens.
« J'ai même voulu te ménager un plaisir de plus, et j'ai
» engagé son mari à nous accompagner... »
Son mari !... que dit-il ?... sa sœur est mariée ?
Par nul engagement je ne la crus liée....
Relisons.
« Et j'ai engagé son mari à nous accompagner : c'est un
» homme charmant... »
                    Mon malheur n'est que trop assuré.
D'un chimérique espoir je me suis donc leurré.
          (*Il tombe accablé sur son fauteuil , et reste*
                    quelque temps ainsi.)
Je suis bien malheureux ! il n'étoit qu'une femme
Que je pusse chérir... là... de toute mon ame :
Elle seule, en dépit de tous mes préjugés,
M'eût fait aimer l'hymen. Hé bien, morbleu, jugez
Si jamais infortune approcha de la mienne !
D'un mois, peut-être il faut qu'une autre me prévienne.

SCÈNE XII.

FLORIMOND, CRISPIN.

CRISPIN.

Monsieur, combien faut-il que je mette d'habits ?

FLORIMOND.

Aucun. Je ne pars plus.

CRISPIN.

Quoi ?

FLORIMOND.

J'ai changé d'avis :

Je reste.

CRISPIN.

Mais, Monsieur, vous n'êtes point malade ?

FLORIMOND.

Non.

CRISPIN (*à part.*)

C'est, je gage, encore ici quelque boutade.
(*Haut.*)
Comment, vous n'allez point visiter ce château ?

FLORIMOND.

Non.

CRISPIN.

C'est pourtant dommage : on dit qu'il est si beau !

FLORIMOND.

Quelque château bien vieux, avec un parc bien triste :
Veux-tu que j'aille là m'établir Botaniste,
Et goûter le plaisir unique et sans pareil,
D'assister, chaque jour, au lever du soleil ?

CRISPIN.

Vous faisiez cependant une belle peinture
Des touchantes beautés de la simple nature!

FLORIMOND.

Qui, moi?

CRISPIN.

         Je m'en souviens. De plus, contre Paris,
Dieu sait comme tantôt vous jetiez les hauts cris!
Si vous fuyez la ville, et craignez la campagne,
Où faut-il donc, Monsieur, que je vous accompagne?

FLORIMOND.

Je ne demande pas ton sentiment, bavard.

CRISPIN.

Mais il faut bien pourtant demeurer quelque part.

FLORIMOND.

Que t'importe?

CRISPIN.

       Du moins, nous soupons?

FLORIMOND.

                   Paix, je pense:
Il me vient un projet d'une grande importance,
Et qui me rit.

CRISPIN.

     Quoi donc?

FLORIMOND.

        Je me fais voyageur.

CRISPIN.

Superbe état pour vous, mon cher Maître!

FLORIMOND.

                    Ah! la Fleur!
Quel

Quel plaisir! quel délice en voyageant l'on goûte!
Toujours nouveaux objets s'offrent sur votre route.
Chaque pas vous présente un spectacle inconnu.
On ne revoit jamais ce qu'on a déjà vu.
Une plaine aujourd'hui, demain une montagne;
Le matin c'est la ville, et le soir la campagne.
Ajoute qu'on ne peut s'ennuyer nulle part:
Un lieu vous plaît, on reste; il vous déplaît, on part.

CRISPIN.

Et l'amour?

FLORIMOND.

Plus d'amour, plus de brûlantes flammes.

CRISPIN.

Quoi, tout de bon, Monsieur, vous renoncez aux femmes?

FLORIMOND.

Dis que j'y renonçois, quand mon cœur enchanté,
Adoroit constamment une seule beauté;
Quand mes yeux, éblouis par un charme funeste,
Fixés sur une seule, oublioient tout le reste:
Car je faisois, alors, injure au sexe entier.
Mais cette erreur, enfin, je prétends l'expier.
Je le déclare donc, je restitue aux belles,
Un cœur qui trop long-temps fut aveugle pour elles.
Entr'elles, désormais, je vais le partager,
Le donner, le reprendre, et jamais l'engager.
J'offensois cent beautés, quand je n'en aimois qu'une:
J'en veux adorer mille, et n'en aimer aucune...
Quel jour est-ce?

CRISPIN.

Jeudi.

FLORIMOND.

Bon. Jour de bal ; j'y cours.
C'est là le rendez-vous des jeux et des amours :
C'est là que je vais voir, parés de tous leurs charmes,
Tant d'objets enchanteurs , de beautés sous les armes.
Je ne pouvois choisir plus belle occasion ,
Pour faire au sexe entier ma réparation.

FIN.

VARIANTES (1).

FLORIMOND.

Je connois maintenant à fond mon caractère.
Il ne me permet pas de rester sédentaire,
De prendre une moitié, d'embrasser un état.
La liberté, la Fleur, avec le célibat,
Voilà ce qu'il me faut : et je réponds d'avance,
Que l'on ne viendra plus m'accuser d'inconstance :
Car on ne peut changer dès qu'on ne choisit rien.
Débarrassé du choix, libre de tout lien,
Qu'on ne me parle plus d'états, de mariages :
Je vais, dès ce matin, commencer mes voyages.
Je le voulois tantôt, et je le veux encor.

CRISPIN.

Oui.

(*A part.*)

Pour combien de temps ?

(*Haut.*)

Prenons donc notre essor :

---

(1) Ces deux dénouemens ont été joués, et tous deux ont réussi ; cependant je n'en ai jamais été satisfait ; et en réduisant l'*Inconstant* en trois actes, j'ai trouvé dans ma pièce même, mon vrai dénouement, à ce que je crois.

J'observerai seulement que le dernier vers de la tirade sur le Cloître parut dans le temps un trait de caractère :

« Rassure-toi ; mes vœux ne sont pas encor faits. »

Mais que le vers de Crispin qui termine l'autre dénouement :

« Il n'est pas de raison pour que cela finisse. »

étoit plus heureux encore, en ce qu'il faisoit la juste critique et du dénouement et du sujet.

Sans doute, nous allons en Russie, en Asie ?

F L O R I M O N D.

En Russie? Oh! non.

C R I S P I N.

       Quoi? quelle autre fantaisie ?

F L O R I M O N D.

Une très-bonne idée. Oui, je songe, mon cher,
Qu'il vaut mieux commencer par voyager sur mer.
Je vais en Amérique.

C R I S P I N.

       Hé bien donc, pour vous plaire,
En Amérique, soit; et vogue la galère !

F L O R I M O N D.

Mais je n'y songeois pas : moi? voyager sur l'eau ?
Je ne pourrois jamais sortir de mon vaisseau.
Ce n'est pas voyager que de rester en place.

C R I S P I N.

En effet; mais alors... Voici qui m'embarrasse :
Il faut se mettre en route ou par terre, ou par mer.
Il n'est point de milieu.

F L O R I M O N D.

       Sot! le milieu, c'est l'air:
Eh! que n'ai-je, à l'instant, un ballon qui m'emporte!

C R I S P I N.

Je n'y monterois pas; pour aller où ?

F L O R I M O N D.

            Qu'importe ?

En attendant, courons et par monts et par vaux :
Eh ! oui, sans but, sans gêne, au gré de nos chevaux ;
Partons vîte.

CRISPIN.

Partons : et que Dieu nous bénisse !
Il n'est pas de raison pour que cela finisse.

AUTRE DÉNOUEMENT.

Ne pourrai-je trouver quelques partis plus stables ?
Car tous ces changemens, d'honneur! sont détestables(1).
Eh ! mais... en ce moment, il me vient à l'esprit
Une idée excellente, et qui vraiment me rit.
Je lisois ce matin, dans Boileau, le grand maître,
Quelques vers, où d'abord je crus me reconnoître :
« Il tourne au premier vent, il tombe au moindre choc,
» Aujourd'hui dans un casque et demain dans un froc. »
Il seroit bien plaisant que ce trait de satire,
Que le siècle passé Boileau mit là, pour rire,
Me peignît aujourd'hui, tout de bon, trait pour trait.
J'essayai vingt états, celui-ci me manquoit :
Voyons : entrer au Cloître, au sortir du Service,
Et, Capitaine hier, être aujourd'hui Novice !
Le trait est bien de moi : ce projet est charmant ;
Et je voudrois déjà me voir dans mon Couvent.
Allons...

-----

(1) Le Marquis de Bièvre, si heureux pour les jeux de mots, ap-
pliquoit, assez plaisamment, ce vers-là même à tous les divers
dénouemens que je présentai, tour à tour, au Public.

CRISPIN.

N'espérez pas que la Fleur vous imite :
Le Diable étoit plus vieux , quand il se fit ermite.
Et puis, quand on est là, Monsieur, c'est pour jamais.

FLORIMOND.

Rassure-toi ; mes vœux ne sont pas encor faits.

AUTRES VARIANTES.

SCÈNES DES MÉDECINS (1).

(N. B. *Dans mon ancien plan, Florimond éprouvant une sorte de malaise, avoit envoyé chercher un médecin, par Crispin ; et Padrige lui en faisoit venir un autre.*)

SCÈNE PREMIÈRE.

FLORIMOND, M. BOURRIFARD.

M. BOURRIFARD (*toujours d'un ton brusque.*)

C'est pour vous ?

FLORIMOND.

Oui, Monsieur, pour votre serviteur.

M. BOURRIFARD.

Beau malade, vraiment !

FLORIMOND.

Eh ! monsieur le Docteur !

Je ne suis point malade.

M. BOURRIFARD.

Alors, je me retire :

Si vous vous portez bien, je n'ai rien à vous dire.

____

(1) Ces scènes paroîtront exagérées et un peu folles. Mais ce sont mes premiers vers, et j'eus le bon esprit de les supprimer avant la représentation. Si je les fais imprimer en Variantes, c'est qu'elles ont, je crois, du sel, de la gaieté, une sorte de verve ; c'est un peu le ton de l'ancienne Comédie.

F L O R I M O N D.

Mais je ne vous dis pas que je me porte bien.

M. B O U R R I F A R D.

Vous êtes donc malade ? Allons , qu'avez-vous ?

F L O R I M O N D.

Rien.

M. B O U R R I F A R D.

Eh ! si vous n'avez rien, vous n'êtes pas malade.
    (*A mi-voix.*)
Je pense qu'il est fou.

F L O R I M O N D.

Monsieur , point d'incartade :
Je ne suis pas malade, il est vrai, mais pourtant
Je ne m'aperçois point que je sois bien portant.

M. B O U R R I F A R D (*à part.*)

A-t-il perdu l'esprit ?

F L O R I M O N D.

Une douleur aiguë,
Ou la langueur, du mal annonce la venue :
Au contraire, une vive ou douce volupté
Doit toujours précéder et suivre la santé ;
Et moi, je ne sens rien.

M. B O U R R I F A R D.

Vous seriez insensible ?

F L O R I M O N D.

Je ne sais...

M. B O U R R I F A R D.

Allons donc , cela n'est pas possible.

FLORIMOND.

Je vous dis...

M. BOURRIFARD.

Mangez-vous... là, de bon appétit?

FLORIMOND.

Eh! oui.

M. BOURRIFARD.

Vous digérez fort bien?

FLORIMOND.

Sans contredit.

M. BOURRIFARD.

Dormez-vous?

FLORIMOND.

De la nuit, jamais je ne m'éveille.

M. BOURRIFARD.

Eh! ventrebleu! c'est-là se porter à merveille.
L'appétit, le sommeil, que voulez-vous de mieux?

FLORIMOND.

Eh! bien, Monsieur, pour moi rien n'est plus ennuyeux;
Une santé pareille est insipide et fade:
J'aimerois presque autant, je crois, être malade.

M. BOURRIFARD (*riant aux éclats.*)

Courage!

S C È N E II.

Les mêmes, M. POUPELIN.

M. BOURRIFARD (*à M. Poupelin qui entre.*)

Vous allez bien rire, en vérité :
Monsieur se plaint à moi de son trop de santé.
Avez-vous jamais vu chagrin aussi bizarre ?

M. POUPELIN (*d'un ton mielleux.*)

Bizarre, dites-vous ? pas tant ; je vous déclare
Que de ces santés-là l'on se dégoûte fort ;
Et quand j'y réfléchis, je vois qu'on n'a pas tort.

M. BOURRIFARD.

Comment vous oseriez ?...

M. POUPELIN.

                Ah ! si Monsieur s'emporte,
Je me tais ; je n'ai pas la poitrine assez forte.
Une grosse santé convient aux artisans,
Dans leurs rudes travaux soutient les paysans ;
J'y consens : elle donne à tous nos mercenaires
Ces grossiers appétits qui leur sont nécessaires ;
Mais elle siéroit mal à des gens comme il faut :
Pour eux, trop de santé seroit un vrai défaut.

M. BOURRIFARD.

Ainsi vous prétendez, Monsieur ?...

M. POUPELIN.

                      Que la foiblesse
Donne aux sensations plus de délicatesse.

FLORIMOND.

C'est aussi mon avis ; voilà ce que je sens :
J'enrage d'être égal à ces gros paysans.

M. BOURRIFARD.

Et moi, qu'au paradoxe ainsi l'on applaudisse.
Sans doute qu'au village, un plus rude exercice
Veut une santé forte et des membres nerveux.
Mais quel sot préjugé, mais quel système affreux,
De vouloir loin de nous, reléguer au village
Un bien qui fut aussi créé pour notre usage !

M. POUPELIN.

Je ne dis pas qu'il faille aux champs la reléguer ;
Mais je dis qu'on pourroit tant soit peu l'élaguer.
Je voudrois qu'à nos mœurs elle fut mieux liée,
Que des nerfs adoucis, la chaîne déliée
Du moindre sentiment avertît le cerveau ;
Je voudrois que l'on vît, au travers de la peau,
Notre sang, goutte à goutte, aller de veine en veine,
Ainsi qu'un doux ruisseau qui coule sur l'arène.
De ces membres nerveux je fais très-peu de cas.
Ayons une peau douce et des os délicats.
On ne s'habille point aux champs comme à la ville ;
Ce n'est point le même air ; c'est un tout autre style.
Si rien entre eux et nous n'est en communauté,
Pourquoi jouirions-nous de la même santé ?

FLORIMOND (*à M. Bourrifard.*)
Répondez.

M. BOURRIFARD.

Tout cela n'est qu'un pur radotage.
Un honnête embonpoint sied bien à tout visage :

Quand on se porte bien , on en vit plus long-temps :
Trop heureux qui par là ressemble à vos manans !

M. POUPELIN.

Dieu m'en garde ! Souvent l'arbre haut et robuste
Est plutôt renversé que l'humble et foible arbuste.
Je ne donnerois pas mes petites santés
Pour celle des manans qu'ici vous nous vantez.
Qu'à ces deux santés-là même accident survienne ;
Un sort divers attend et la vôtre, et la mienne.
Par ce coup, que jamais elle n'a combattu ,
La vôtre sent bientôt son courage abattu ;
La mienne , au moindre choc, baisse la tête et plie ,
Et jamais par le mal n'est tout-à-fait saisie.

FLORIMOND (*à M. Poupelin.*)

Votre raisonnement est subtil et profond.

M. POUPELIN.

Je possède , il est vrai, cette matière à fond.

M. BOURRIFARD.

On devroit, à l'instant, purger la capitale
De monstres tels que vous, dont la ligue infernale
Semble avoir déclaré la guerre à la santé ,
Et, malgré les efforts de notre Faculté ,
La mine sourdement, abâtardit l'espèce,
Tout en parlant de nerfs et de délicatesse.

M. POUPELIN.

Ah ! Messieurs ! soyez donc un peu plus indulgens ,
Vous qui, par ignorance, assassinez les gens,
Et confondant sans cesse et le foie, et la rate,
Exterminez l'espèce, en parlant d'Hippocrate.

M. BOURRIFARD.

Médecin de vapeurs, vous osez m'insulter !

M. POUPELIN.

De vapeurs? En ce cas, il faudroit vous traiter.

M. BOURRIFARD.

Craignez...

M. POUPELIN.

Oui, je craindrois un peu votre colère,
Si je n'avois l'honneur d'être votre confrère.

M. BOURRIFARD.

Votre air doux et benin est bien plus dangereux.
(*A Florimond.*)
Vous serez satisfait au delà de vos vœux ;
J'espère qu'avant peu, vous deviendrez étique,
Pulmonique, asthmatique, enfin, paralytique ;
Soyez sûr, en un mot, d'être si bien traité,
Que vous ne reverrez de long-temps la santé.

M. POUPELIN.

Je ferai pour Monsieur tout ce qu'il faudra faire :
S'il eût voulu mourir, vous étiez son affaire.
FLORIMOND (*à M. Bourrifard, voulant le payer.*)
Monsieur....

M. BOURRIFARD (*sans accepter.*)

Bonsoir.
(*Il sort brusquement comme il étoit entré.*)

SCÈNE III.

M. POUPELIN, FLORIMOND.

M. POUPELIN.

.   Il va s'en venger en chemin :
Malheur à qui d'abord tombera sous sa main !

FLORIMOND.

Ce monsieur Bourrifard, par de telles boutades,
A coup sûr, ne doit pas réjouir ses malades.

M. POUPELIN.

Bon ! de sa belle humeur comment s'apercevoir ?
Ses malades à peine ont le temps de le voir.

FLORIMOND.

Ah ! j'entends. Vous m'avez tout l'air d'un galant homme,
Monsieur ; puis-je savoir dequel nom l'on vous nomme ?

M. POUPELIN.

Mille grâces, Monsieur : Poupelin est mon nom.
Vous n'avez donc jamais été malade ?

FLORIMOND.

                                   Non.

M. POUPELIN.

Hai... La santé chez vous doit avoir pris racine,
Et pourra tenir bon contre la Médecine.

FLORIMOND.
Comment ?...

M. POUPELIN.
            Rassurez-vous : mon art triomphera,
Et la santé robuste avant peu cédera.

Il faudra débuter par... ce que l'on doit taire,
Qui sache s'introduire à l'ombre du mystère,
Reconnoisse la place, et nous puisse du corps
Révéler, au retour, les foibles et les forts.
Puis d'une potion, ensemble amère et douce,
Nous pourrons hasarder la légère secousse,
A votre intérieur annoncer l'ennemi,
Réveiller en sursaut l'estomac endormi ;
Égratigner ce cœur, à la marche discrète,
Qui bat *incognitò* dans sa sombre retraite,
Gourmander ces poumons, que trop de liberté
Engourdissoit au sein de la sécurité.
Avec eux tous, ainsi, vous ferez connoissance,
Et vous allez enfin entrer en jouissance.

FLORIMOND (*qui commence à s'ennuyer.*)
J'entends.

M. POUPELIN.

De la lancette empruntant le secours,
J'interromprai du sang cet uniforme cours,
Et troublerai par là cet accord immobile
Entre un sang trop épais et la stagnante bile.
Un essaim de vapeurs d'en bas s'élevera,
Et dans votre cerveau s'impatronisera.
Grâce à ce *tourbillon*, désormais vos idées
Par un principe exact ne seront plus guidées :
Ce pouls qui, pas à pas, marchoit également,
Ira tantôt fort vîte, et tantòt lentement ;
Et...

FLORIMOND.

Monsieur Poupelin, s'il faut que je le dise,
Votre voix m'affadit par trop de mignardise.

M. POUPELIN.

Le reproche est nouveau ; mais je puis...

FLORIMOND.

C'est assez.

M. POUPELIN.

Je n'ai plus que deux mots...

FLORIMOND.

De grâce, finissez.

M. POUPELIN.

Je reviendrai demain.

FLORIMOND.

Non, je vous en dispense.

M. POUPELIN.

Pourquoi donc, s'il vous plaît ?

FLORIMOND.

Que voulez-vous ? Je pense
Qu'il vaut encore mieux rester comme je suis :
Avec mon ennemi je vivrai, si je puis.
(*Il paye M. Poupelin, qui accepte.*)
Votre peine, du moins, ne sera pas perdue.

M. POUPELIN (*souriant.*)

Vous et votre-ennemi, Monsieur, je vous salue.
(*Il sort.*)

FIN DES VARIANTES.

L'OPTIMISTE,

L'OPTIMISTE,

OU

L'HOMME TOUJOURS CONTENT,

COMÉDIE

EN CINQ ACTES ET EN VERS,

REPRÉSENTÉE POUR LA PREMIÈRE FOIS

PAR LES COMÉDIENS FRANÇAIS,

LE 22 FÉVRIER 1788.

PRÉFACE (1).

JE voudrois ne pas faire une préface trop longue, et cependant j'ai bien des choses à dire. Mon cœur est plein de joie et de reconnoissance ; il a besoin de s'épancher. Que je suis heureux ! que j'ai bien sujet de m'écrier avec mon *Optimiste, tout est bien !* Le Public avoit accueilli mon *Inconstant* avec indulgence, dans l'espoir d'un meilleur ouvrage. Cet ouvrage meilleur, il a cru le trouver dans *l'Optimiste* ; mais je vois bien qu'il attend de moi pour l'avenir quelque chose encore de mieux. Je tâcherai de faire mieux, sans doute ; mais je crains, je l'avoue, de ne jamais rencontrer un sujet aussi intéressant que *l'Optimiste*. Je puis, je crois, sans qu'on me taxe de vanité, louer ce caractère : ce n'est pas moi qui l'ai inventé ; il s'est présenté à mon esprit, et je l'ai saisi. Quelques personnes ont dit, qu'il n'étoit pas dans la nature, qu'il n'existoit point : on

---

(1) Cette Préface est la seule que je conserve de toutes mes Préfaces particulières. On en jugera aisément le motif, en la lisant.

a répondu pour moi, qu'il étoit possible, au moins; et cette réponse suffiroit. J'ajoute que j'en ai trouvé le modèle dans la maison paternelle. Quand je lus mon manuscrit à ma mère, à mes sœurs, à mon frère, tous reconnurent d'abord mon père. Il lui étoit plus aisé qu'à M. de Plinville d'être optimiste. Peu riche, il est vrai, mais jouissant d'une honnête médiocrité, libre, chéri de tout son village, il habitoit une jolie maison, que lui-même avoit fait bâtir, des bois et des jardins, qu'il avoit plantés et dessinés lui-même, et que, dans son enthousiasme, il trouvoit aussi beaux que le parc de Versailles, dans une vallée délicieuse, sur les bords de l'Eure, à une demi-lieue du bel aquéduc de Maintenon, de Maintenon, ma patrie : il étoit aimé et caressé du Seigneur, de feu M. le Maréchal de Noailles (1), qui venoit de temps en temps le visiter dans son ermitage. Plus heureux que *l'Optimiste*, il avoit une compagne aimable, aussi vertueuse que belle; il n'avoit pas une fille seulement, il en avoit

---

(1) Son fils, M. le Maréchal de Noailles, n'aimoit pas moins mon père, comme il aime sa veuve et ses enfans. Il sourit à mes vers : il ne me protège point. Il fait plus, j'oserois presque dire qu'il m'aime.

six, qui m'ont souvent inspiré, et deux garçons, dont le cadet a seul pu mettre à l'épreuve son caractère, en s'obstinant à suivre un penchant qui n'a été justifié que par l'événement. Encore, entendoit-il louer avec un secret plaisir mes premiers essais semés dans *l'Almanach des Muses;* et si le Ciel n'eût ravi ce bon père, chargé d'ans et de bonnes actions, il auroit souri peut-être aux descriptions champêtres de l'Inconstant, et se seroit attendri en voyant son image dans l'Optimiste.

Ce caractère existoit donc. On me dit chaque jour que mille personnes s'y reconnoissent plus ou moins, ou reconnoissent leurs amis. J'ai eu tort peut-être d'intituler ma Comédie *l'Optimiste.* Ce titre a pu promettre un homme à systèmes, et annoncer *Candide* mis en action. J'avois prévu d'avance cette objection, et c'est ce qui m'avoit fait ajouter, *ou l'Homme content de tout* (1). Ce n'est pas la seule objection que l'on ait faite contre mon ouvrage. J'aime à croire que toutes ont été

---

(1) J'ai craint que le second titre ne fût encore trop général, et je m'arrête à celui-ci : *l'Homme toujours content.*

dictées par l'amour de l'art : plusieurs sont sans réplique. Je pourrois répondre à quelques-unes (1). J'aime mieux convenir que je n'ai point eu la prétention de faire une Comédie parfaite. Celle-ci seroit bien plus défectueuse encore, sans les conseils sages et sévères d'un digne Académicien, recommandable par son goût exquis, par le don heureux de sentir finement, et de s'exprimer avec grâce ; d'un Académicien, d'abord mon *censeur* seulement, puis mon guide, puis enfin mon ami. *L'Inconstant* lui eut bien des obligations ; *l'Optimiste* lui en a davantage. Il ne veut pas que je le nomme : j'obéis ; mais il se nommera lui-même à la fin de mon ouvrage (2).

Après lui, un jeune ami m'a été de tous le plus utile. C'est l'Auteur *d'Anaximandre* et *des Étourdis*, cher au Public à ces deux titres, plus cher à mon cœur par ses vertus et par son amitié. Je ne parle pas des vers qu'il m'a prêtés çà et là, et que je lui rendrai en nature à la première occasion ; mais je déclare hautement, qu'il y a dans *l'Optimiste* une scène toute entière de lui, (celle de Madame

(1) Voyez la Préface générale,

, (2) M. Suard.

de Roselle avec Belfort au second Acte.) Ce n'est pas la moins bonne, assurément; c'est un enfant adoptif, que je chéris autant que les miens propres.

J'ai fait usage de beaucoup d'autres conseils; car j'ai le double bonheur d'avoir des amis éclairés, et d'être assez docile. En un mot, j'ai lieu d'être content de tout ; content de tout le monde, de mes amis, qui ne m'ont point flatté ni épargné ; de MM. les Journalistes, qui, presque tous, m'ont traité avec indulgence; des Acteurs, qui ont déployé pour moi tout leur zèle et tous leurs talens ; enfin du Public, qui m'a accueilli avec tant de bienveillance. Puissai-je mériter un jour tout cela! Puisse ma santé foible et délicate, me permettre de mettre au jour quelques Comédies, que je sens que j'ai dans la tête, ou plutôt dans le cœur!

ACTEURS.

M. DE PLINVILLE (l'Optimiste.)

Mme. DE PLINVILLE.

ANGÉLIQUE, leur Fille.

Mme. DE ROSELLE, nièce de M. de Plinville.

M. DE MORINVAL.

M. DORMEUIL.

M. BELFORT, Secrétaire de M. de Plinville.

ROSE, jeune Suivante d'Angélique.

PICARD, vieux Portier de M. de Plinville.

LÉPINE, Laquais de M. de Plinville.

UN POSTILLON.

La Scène est en Touraine, au château de Plinville.

L'OPTIMISTE,

OU

L'HOMME TOUJOURS CONTENT.

La Scène représente un Bosquet rempli d'arbres odoriférans.

ACTE PREMIER.

SCÈNE PREMIÈRE.

Mme. DE ROSELLE (*un bouquet à la main, tire sa montre.*)

EST-IL bien vrai? qui? moi, levée avant six heures?
Moi! dans ce vieux château, dans ces tristes demeures!
Chez mon oncle?... heureux homme! il prétend que chez lui
Tout va le mieux du monde ; et moi j'y meurs d'ennui...
Peut-être ai-je bien fait d'y venir... J'imagine
Que je puis être utile à ma jeune cousine.
Je crois... s'il étoit vrai?... j'avoûrai qu'à ce prix,
Je regretterois peu les plaisirs de Paris.
Près de se marier, cette pauvre Angélique
Paroît de plus en plus triste et mélancolique...
Ce jeune Secrétaire, au maintien noble, aisé,
Seroit-il, par hasard, un amant déguisé ?
C'est un point qu'il faudroit éclaircir ; je soupçonne
Qu'on va sacrifier cette jeune personne :

Tàchons de l'empêcher. Observons... Cependant
Le mariage peut se faire en attendant.
Comment le retarder? Il faudra que j'y songe:
Un prétexte... ma sœur;... bon! le premier mensonge
Suffira...

SCÈNE II.

Mme. DE ROSELLE, ROSE.

Mme. DE ROSELLE.

Bonjour, Rose! Où portez-vous vos pas?

ROSE.

Ah! Madame! pardon; je ne vous voyois pas.
J'ai poussé jusqu'au bout de la grande avenue;
Et puis, sans y songer, je suis ici venue.
Je vais...

(*Elle veut se retirer.*)

Mme. DE ROSELLE.

Vous me fuyez? causons.

ROSE.

Avec plaisir:
Car, moi, j'aime à causer; d'ailleurs, j'ai du loisir:
Mademoiselle écrit.

Mme. DE ROSELLE.

Elle est déjà levée?

ROSE.

Bon! jamais le soleil au lit ne l'a trouvée:

Elle n'en dort pas mieux.

Mme. DE ROSELLE.

Elle a donc mal dormi?

ROSE.

Très-mal : je l'entendois ; elle a pleuré, gémi.

Mme. DE ROSELLE.

Elle a du chagrin?

ROSE (*soupire.*)

Oui.

Mme. DE ROSELLE.

Ma tante aussi la gronde!...

ROSE.

Elle est grondée ainsi depuis qu'elle est au monde.

Mme. DE ROSELLE.

Oui, ma tante souvent prend de l'humeur pour rien.

ROSE.

Tout en nous querellant, elle nous veut du bien :
Pour sa fille surtout, sa tendresse est extrême.

Mme. DE ROSELLE.

Elle aime aussi mon oncle, et le gronde de même.

ROSE.

Tenez, je sais fort bien la cause de son mal :
C'est qu'elle n'aime point monsieur de Morinval ;
Car, lorsqu'elle le voit, ou dès qu'on le lui nomme...

Mme. DE ROSELLE.

Morinval, cependant, a l'air d'un galant homme.

ROSE.

Galant homme, d'accord; mais boudeur et chagrin:
On ne lui voit jamais un air ouvert, serein.
Pour moi, son seul aspect m'inspire la tristesse:
Il se peint tout en noir, excepté ma maîtresse;
Et puis, il n'est point jeune, et ma maîtresse l'est.

Mme. DE ROSELLE.

Il n'est pas vieux non plus.

ROSE.

      Ah! pardon, s'il vous plaît.
Il a bien cinquante ans, elle n'en a que seize:
Comment voulez-vous donc qu'un tel époux lui plaise?
Pour moi, je ne sais pas quand je me marîrai;
Mais je répondrois bien que je n'épouserai
Qu'un jeune homme: du moins, quand on est du même âge,
On fait jusques au bout, ensemble, le voyage.

Mme. DE ROSELLE.

Monsieur Belfort paroît aimable?

ROSE.

        Oh! oui.

Mme. DE ROSELLE.

          Sait-on
Dites-moi, ce que c'est que ce jeune homme?

ROSE.

         Non.
Car Monsieur l'a reçu sur sa seule figure.

Mme. DE ROSELLE.

Par quel hasard?

ROSE.

Un soir, la nuit étoit obscure,

Un jeune homme demande un asile : on l'admet...
C'étoit monsieur Belfort. Il entre ; l'on soupoit :
On l'invite. Il paroît spirituel, honnête.
Le lendemain, il veut repartir ; on l'arrête.
Il pleuvoit : cependant comme il pleuvoit toujours,
Monsieur, qui le retint ainsi pendant huit jours,
Goûtoit de plus en plus son ton, son caractère.
Enfin, quoiqu'il n'eût pas besoin de Secrétaire,
En cette qualité, Monsieur l'a retenu.

Mme. DE ROSELLE.

Bon ! et depuis ce temps n'est–il pas mieux connu ?

ROSE.

Ses bonnes qualités l'ont assez fait connoître.

Mme. DE ROSELLE.

Il a plus d'un emploi, car il tient lieu de maître
A ma cousine.

ROSE.

        Eh ! oui : comme il parloit un soir
D'anglais, Mademoiselle a voulu le savoir.
« Donnez-en des leçons, » dit Monsieur : il en donne.

Mme. DE ROSELLE.

Avec succès, dit-on ?

ROSE.

        Il dit qu'elle l'étonne,
Madame ; elle savoit sa grammaire en huit jours.

Mme. DE ROSELLE.

En huit jours ! Êtes-vous toujours là ?

ROSE.

                 Moi ? toujours.

Mme. DE ROSELLE.

Belfort paroît donner ces leçons avec zèle.

ROSE.

Tout-à-fait ; il chérit beaucoup Mademoiselle.

Mme. DE ROSELLE.

A ce que je puis voir, elle-même en fait cas ?

ROSE.

Oh ! beaucoup : en effet, qui ne l'aimeroit pas ?
Mademoiselle et moi, même esprit nous anime,
Et, comme elle, pour lui, moi, j'ai beaucoup d'estime.
Si vous saviez combien il est honnête, doux !...

Mme. DE ROSELLE.

Je l'ai jugé d'abord. Que dit-il, entre nous,
De l'air triste et rêveur de ma jeune cousine ?

ROSE.

Mais il est bien chagrin de la voir si chagrine.
On lit dans ses regards une tendre pitié :
Un frère pour sa sœur n'a pas plus d'amitié.
Le matin, de sa chambre il attend que je sorte,
Et me demande alors comment elle se porte.
Mais on rit ; c'est Monsieur.

SCÈNE III.

Mme. DE ROSELLE, M. DE PLINVILLE, ROSE.

M. DE PLINVILLE.

Ah ! ma nièce, c'est toi !
La rencontre vraiment est heureuse.

Mme. DE ROSELLE.

Pour moi.

Mon cher oncle est toujours au comble de la joie.

M. DE PLINVILLE.

Pour en avoir, Madame, il suffit qu'on vous voie.
 (*A Rose.*)
Bonjour, Rose.

ROSE.

Monsieur...

M. DE PLINVILLE.

Mais comme elle embellit !
Du matin jusqu'au soir, elle chante, elle rit.

ROSE.

Monsieur me dit toujours quelque chose d'honnête.

M. DE PLINVILLE.

Nous aurons du plaisir, j'espère, à notre fête.
J'ai dans l'idée;... oh ! oui : j'ai fait, ma chère enfant,
Un rêve !... car je suis heureux, même en dormant.

Mme. DE ROSELLE.

Oh ! je le crois.

ROSE.

Monsieur, contez-nous donc, de grace...

M. DE PLINVILLE.

Il n'en reste au réveil qu'une légère trace;
Et j'aurois maintenant peine à le ressaisir :
Je me souviens du moins qu'il m'a fait grand plaisir,
Et cela me suffit; car lorsque je me lève,
Je suis heureux encor, mais ce n'est plus en rêve.

Mme. DE ROSELLE.

Vous rêvez bien encore, mais c'est tout éveillé.

M. DE PLINVILLE.

Il est vrai : que de fois je me suis oublié

Au bord d'une fontaine, ou bien dans la prairie !
Là, seul, dans une vague et douce rêverie,
Je suis... ce que je veux, grand Roi, simple Berger !...
Que sais-je, moi ? Quelqu'un vient-il me déranger ?
Alors j'aime encor mieux être moi que tout autre.

Mme. DE ROSELLE.

Le sort d'un Roi n'est pas plus heureux que le vôtre.
Je suis contente aussi : pour la première fois
J'ai vu l'aurore.

M. DE PLINVILLE.

   Bon !

ROSE.

   Tous les jours je la vois.

M. DE PLINVILLE.

En effet, on n'est pas plus matinal que Rose.

Mme. DE ROSELLE.

Savez-vous que l'aurore est une belle chose ?

M. DE PLINVILLE.

Oh ! oui, surtout ici, surtout au mois de Mai.
C'est bien le plus beau mois de l'année.

Mme. DE ROSELLE.

   Il est vrai.

ROSE.

C'est un mois qu'en effet, comme vous, chacun aime.
Mais en Janvier, Monsieur, vous disiez tout de même.

M. DE PLINVILLE.

J'avoûrai, mon enfant, que toutes les saisons
Me plaisent tour à tour, par diverses raisons :

   Janvier

Janvier a ses beautés, et la neige est superbe.

Mme. DE ROSELLE.

Il est plus doux pourtant de voir renaître l'herbe,
Et les fleurs....

M. DE PLINVILLE.

Oui, les fleurs. Par exemple, en ces lieux,
On respire une odeur, un frais délicieux.
Dis—moi, vit-on jamais plus belle matinée ?
Que nous allons avoir une belle journée !
Il semble, en verité, que le Ciel prenne soin
D'envoyer du beau temps lorsque j'en ai besoin !

Mme. DE ROSELLE.

Tout exprès !

M. DE PLINVILLE.

Pouvions—nous enfin pour notre pêche,
Choisir une journée et plus douce, et plus fraîche ?

Mme. DE ROSELLE.

Oh ! non. J'aime beaucoup à voyager sur l'eau.

M. DE PLINVILLE.

Oui ? tant mieux !... Tu verras le plus joli bateau !...

ROSE.

Ah ! charmant.

M. DE PLINVILLE (*à Rose.*)

Angélique est sans doute habillée ?

ROSE.

Pas encor.

M. DE PLINVILLE.

Bon ! Du moins est-elle réveillée ?

R O S É.

Oh! oui, Monsieur : je vais l'habiller à l'instant.
Ne partez pas sans nous.

M. DE PLINVILLE.

Non, non ; l'on vous attend.

Hâtez-vous.

R O S E (*en s'en allant.*)
Je voudrois être déjà partie.
Une pêche ! un bateau !... la charmante partie !

SCÈNE IV.

Mme. DE ROSELLE, M. DE PLINVILLE.

M. DE PLINVILLE (*la suit des yeux.*)
Heureux âge ! à seize ans, on n'a point de souci ;
Tout plaît.

Mme. DE ROSELLE.

Mais ma cousine est pourtant jeune aussi.
D'où vient donc le chagrin qui chaque jour la mine ?

M. DE PLINVILLE.

Quoi ! le chagrin, dis-tu ? Seroit-elle chagrine ?

Mme. DE ROSELLE.

Vous ne remarquez pas ?

M. DE PLINVILLE.

Non.

Mme. DE ROSELLE.

Pourtant, on voit bien

Qu'elle rêve...

M. DE PLINVILLE.

En effet. Mais, bon ! cela n'est rien.

Elle a quelque regret de nous quitter, sans doute ;
Et puis, elle est modeste : on sait ce qu'il en coûte...
Mais dès que Morinval aura reçu sa main,
Tu verras : je voudrois que ce fût dès demain.

Mme. DE ROSELLE.

A propos, cet hymen, il faudra le remettre.

M. DE PLINVILLE.

Et pourquoi ?

Mme. DE ROSELLE.

De ma sœur je reçois une lettre ;
A la noce, dit-elle, elle veut se trouver,
Et dans huit jours, peut-être, elle doit arriver.

M. DE PLINVILLE.

Pourquoi donc avec toi n'est-elle pas venue ?

Mme. DE ROSELLE.

Elle hésitoit toujours : sa lenteur est connue.
Moi, je l'ai devancée.

M. DE PLINVILLE.
A ravir.

Mme. DE ROSELLE.
Ce délai
N'est rien : qu'est-ce, après tout, que huit jours ?

M. DE PLINVILLE.
Il est vrai.
Trop heureux de revoir madame de Mirbelle !
Nous allons tous les deux disputer de plus belle.
Je la connois ; aussi, je vais me préparer.

Mme. DE ROSELLE (à part.)
Cela nous donnera le temps de respirer.

M. DE PLINVILLE.

Nous ne l'attendrons pas du moins pour notre fête.
Mais, on vient.

Mᵐᵉ. DE ROSELLE.

Comment donc, ma tante est déjà prête?

M. DE PLINVILLE.

Oh! ma femme est toujours exacte aux rendez-vous.

SCÈNE V.

Mᵐᵉ. DE ROSELLE, Mᵐᵉ. DE PLINVILLE, M. DE PLINVILLE.

M. DE PLINVILLE (*l'embrasse.*)

Bonjour, ma chère amie.

Mᵐᵉ. DE PLINVILLE.

Ah! ah! Monsieur, c'est vous
Bonjour, ma nièce. Non, je crois que de la vie,
Maîtresse de maison ne fut plus mal servie.
En voilà déjà trois qu'il m'a fallu gronder.

M. DE PLINVILLE.

Ma femme est vigilante; elle sait commander.

Mᵐᵉ. DE PLINVILLE.

J'en ai besoin, Monsieur, car vous n'y songez guère.

M. DE PLINVILLE.

Puisque vous faites tout, je n'ai plus rien à faire.

Mme. DE PLINVILLE.

Il faut bien faire tout , si vous ne faites rien.

M. DE PLINVILLE.

Bonne réplique ! Allons, point de souci.

Mme. DE PLINVILLE.

Fort bien !
Et vous croyez, Monsieur, qu'avec ce beau système ,
Les choses vont ici se faire d'elles-même.

M. DE PLINVILLE.

Il me semble pourtant qu'elles ne vont pas mal.
Nous rirons ce matin , Dieu sait ! Si Morinval
Et ma fille venoient, on se mettroit en route.

Mme. DE PLINVILLE.

On ne s'y mettra point.

M. DE PLINVILLE.

On ne part pas ?

Mme. DE PLINVILLE.

Sans doute.
La partie est remise.

Mme. DE ROSELLE.

Est remise !... Comment ?...
Vous riez ?

Mme. DE PLINVILLE.

Oui ; je suis en belle humeur, vraiment !

M. DE PLINVILLE.

Mais encor, dites-moi quelle raison soudaine ?....

Mme. DE PLINVILLE.

Cette raison , Monsieur, c'est que j'ai la migraine.

Mme. DE ROSELLE.

Cette migraine-là vient bien mal à propos.

Mme. DE PLINVILLE (*à M. de Plinville.*)

Aussi, dès le matin il trouble mon repos :
Il fait un bruit !...

M. DE PLINVILLE.
Qui ? moi ?

SCÈNE VI.

Les mêmes, ROSE.

ROSE (*accourt.*)
Monsieur, Mademoiselle
Va venir à l'instant.

Mme. DE PLINVILLE.
On n'a pas besoin d'elle.

ROSE.
Comment ?...

Mme. DE ROSELLE.
On ne part point.

ROSE.
Et le joli bateau ?
Où déjeunera-t-on, en ce cas ?

Mme. DE PLINVILLE.
Au château.
(*A madame de Roselle.*)
Venez-vous ? il s'agit d'une affaire importante :
Je reçois de Paris des étoffes...

Mme. DE ROSELLE.

Ma tante...,

Vous avez plus de goût...

Mme. DE PLINVILLE.

Le mien est peu commun,
D'accord; mais deux avis valent toujours mieux qu'un.
Ma fille, là-dessus est d'une insouciance!...
Je suis prête vingt fois à perdre patience.

M. DE PLINVILLE.

Elle fait la méchante.

Mme. DE ROSELLE.

Il me semble, entre nous,
Qu'au fond, l'essentiel est le choix d'un époux.

Mme. DE PLINVILLE.

J'en conviens : mais ce choix est une affaire faite ;
Et de ce côté-là, ma fille est satisfaite.
Venez donc.

M. DE PLINVILLE.

Un moment.

Mme. DE PLINVILLE.

Eh ! oui, pour babiller
Restez ici, Monsieur ; nous allons travailler.

Mme. DE ROSELLE.

Mon oncle, dans le port faites rentrer la flotte.

SCÈNE VII.

M. DE PLINVILLE, ROSE.

M. DE PLINVILLE.

(*En riant.*)   (*A Rose.*)
Ah ! la flotte ! il est gai. Te voilà toute sotte !

ROSE.

J'en pleurerois.

M. DE PLINVILLE.

Ma femme a de fâcheux instans...
Heureusement, cela ne dure pas long-temps.

ROSE.

Mais cela recommence.

M. DE PLINVILLE.

Elle crie, elle gronde ;
Mais c'est la femme, au fond, la meilleure du monde.

ROSE.

A cela près ; pourquoi ne part-on pas , Monsieur ?

M. DE PLINVILLE.

Ma femme a la migraine ; et l'on n'est pas d'humeur,
Quand on souffre... D'ailleurs le temps, je crois, se broui
Regarde.

ROSE.

Vous riez si bien, lorsqu'on se mouille !
L'autre jour encore...

M. DE PLINVILLE.

Oui ; mais un temps pluvieux
Nuiroit à ma santé.

ROSE.

Vous êtes beaucoup mieux,
Ce me semble, Monsieur ?

M. DE PLINVILLE.

Oui, vraiment, à merveille
Je me sens chaque jour mieux portant que la veille,
Et je vois revenir les forces, l'appétit.

ROSE.

Hai... vous avez été bien malade.

M. DE PLINVILLE.

On le dit.

ROSE.

Vous en douteriez ?

M. DE PLINVILLE.

Non ; mais, vois-tu, chère Rose,
D'honneur ! je n'ai pas, moi, senti la moindre chose.
J'étois dans un profond et morne accablement,
Mais qui ne me faisoit souffrir aucunement.

ROSE.

Ah ! ah !

M. DE PLINVILLE.

Notre machine alors est engourdie,
Et c'est un vrai sommeil, que cette maladie.
Mais, en revanche aussi, que le réveil est doux !
Nous renaissons alors, et le monde avec nous.

Vous vivez par instinct; moi, je sens que j'existe.
J'éprouve une langueur, mais elle n'est point triste;
Et ma foiblesse même est une volupté
Dont on n'a pas d'idée en parfaite santé :
La santé peut paroître, à la longue, un peu fade;
Il faut, pour la sentir, avoir été malade.
Je voudrois, qu'à ton tour, tu pusses l'être aussi,
Et tu verrois toi-même...

R O S E.

   Ah! Monsieur, grand merci;
Tomber malade, moi !

M. DE PLINVILLE.

   Ce seroit bien dommage.

R O S E.

Et puis si je mourois ?...

M. DE PLINVILLE.

   Bon ! meurt-on à ton âge ?
Tu me vois !...

R O S E.

   Vous vivez, nous sommes tous contens :
Mais, Monsieur, je m'arrête en ce lieu trop long-temps.
Je m'en vais, de ce pas, trouver Mademoiselle :
Car le moins que je puis, je me sépare d'elle.

M. DE PLINVILLE.

C'est bien fait.

(*Rose sort.*)

SCÈNE VIII.

M. DE PLINVILLE (*seul.*)

Cette Rose est une aimable enfant ;
Elle aime sa maîtresse, oh ! mais si tendrement !
Dès sa première enfance, auprès d'elle nourrie,
On la prendroit plutôt pour une sœur chérie.
Hé bien, pour un peu d'or, voyez quelle douceur !
A ma fille je donne une amie, une sœur :
On est vraiment heureux d'être né dans l'aisance.
Je suis émerveillé de cette Providence,
Qui fit naître le riche auprès de l'indigent :
L'un a besoin de bras, l'autre a besoin d'argent :
Ainsi tout est si bien arrangé dans la vie,
Que la moitié du monde est par l'autre servie.

SCÈNE IX.

M. DE PLINVILLE, PICARD.

PICARD.

Bien arrangé, pour vous ; mais moi, j'en ai souffert.
Pourquoi ne suis-je pas de la moitié qu'on sert ?

M. DE PLINVILLE.

Parce que tu n'es point de la moitié qui paye.

PICARD.

Et pourquoi, par hasard, ne faut-il point que j'aye

De quoi payer?

M. DE PLINVILLE.

Eh! mais, pouvions-nous être tous
Riches?

PICARD.

Je pouvois, moi, l'être aussi-bien que vous.

M. DE PLINVILLE.

Tu ne l'es pas, enfin.

PICARD.

Voilà ce qui me fâche.
Je remplis dans ce monde une pénible tâche,
Et depuis cinquante ans.

M. DE PLINVILLE.

Tu devrois, en ce cas,
Être fait au service.

PICARD.

Eh ! l'on ne s'y fait pas.
Lorsque je veux rester, vous voulez que je sorte;
Veux-je sortir, il faut que je garde la porte.
Vous êtes maître enfin, et moi, je suis valet :
Je dois aller, venir, rester, comme il vous plaît.

M. DE PLINVILLE.

Tu n'en prends qu'à ton aise.

PICARD.

Oh !...

M. DE PLINVILLE.

L'on te considère,
Et tous mes gens ici te traitent comme un père.

PICARD.

Et je sers tout le monde.

M. DE PLINVILLE.

Eh ! cela n'y fait rien :
Sois content de ton sort, ainsi que moi du mien.

PICARD.

Je n'ai point, comme vous, l'art de m'en faire accroire,
Et ne sais point voir clair, quand la nuit est bien noire.

M. DE PLINVILLE.

Je suis donc bien crédule ?

PICARD.

On vous vole à l'envi ;
Et vous vous croyez, vous, parfaitement servi ?

M. DE PLINVILLE (*rit.*)

En vérité ?

PICARD.

Chez vous, on pille, on pleure, on gronde ;
Vous trouvez tout cela le plus joli du monde.

M. DE PLINVILLE.

Mais je ne savois pas un mot de tout ceci.

PICARD.

On vous battroit enfin ; vous diriez, *grand merci.*

M. DE PLINVILLE.

Le bon Picard a donc le petit mot pour rire !

PICARD (*en s'en allant.*)

Oui ! je suis fort plaisant !

M. DE PLINVILLE.

Tu n'as plus rien à dire !

PICARD (*enroué à force de s'être échauffé.*)
Eh ! je sors.

M. DE PLINVILLE.
Où vas-tu ?

PICARD.
       Du matin jusqu'au soir,
Ne faut-il pas courir ? je ne saurois m'asseoir :
Madame, à tous momens, m'envoie à ce village ;
Et... pour je ne sais quoi : dès le matin, j'enrage.

M. DE PLINVILLE.
Allons, va, mon ami.

PICARD.
       Voilà bien leurs propos !
Va, mon ami ! pour eux, ils restent en repos.
         (*Il sort.*)

SCÈNE X.

M. DE PLINVILLE (*seul.*)

Picard est un peu brusque, il faut que j'en convienne.
Chacun a son humeur, après tout : c'est la sienne.
Je dois quelques égards à ce vieux serviteur.
Il m'est fort attaché, malgré son air grondeur.
Ce bon Picard est las de servir, à l'entendre ;
Et cependant au mot si je voulois le prendre,
Je l'attraperois bien : car, j'ai cela de bon,
Je suis aimé, chéri de toute ma maison.
     (*Il s'arrête un moment, comme pour se recueillir.*)
Quand j'y songe, je suis bien heureux ! je suis homme,
Européen, Français, Tourangeau, Gentilhomme :

Je pouvois naître Turc , Limousin, Paysan ;
Je ne suis Magistrat, Guerrier ni Courtisan ;
Non : mais je suis Seigneur d'une lieue à la ronde,
Le château de Plinville est le plus beau du monde.
Je suis de mes vassaux respecté comme un Roi,
Adoré comme un père : il n'est autour de moi
Pas un seul pauvre, oh! non ; mes voisins me chérissent ;
Mes fermiers sont heureux , et même ils s'enrichissent.
J'ai, du moins je le crois , une agréable humeur ;
Trop ni trop peu d'esprit , et surtout un bon cœur.
Je suis heureux époux , et père de famille.
Je n'ai point de garçons : mais aussi quelle fille !
J'ai de bons vieux amis , des serviteurs zélés.
Je te rends grâce , ô Ciel ! tous mes vœux sont comblés.

SCÈNE XI.

M. DE PLINVILLE, M. DE MORINVAL.

M. DE PLINVILLE.

Ah ! bonjour, mon ami.

M. DE MORINVAL.
Bonjour, je vous salue.

M. DE PLINVILLE.

Vous venez à propos : je passois en revue
Tous mes sujets de joie...

M. DE MORINVAL.
Et moi, tous mes chagrins.

M. DE PLINVILLE.

Je songeois comme ici mes jours sont purs, sereins.

M. DE MORINVAL.

Que ne puis-je me croire heureux comme vous faites !

M. DE PLINVILLE.

Mais il ne tient qu'à vous de le croire ; vous l'êtes.

M. DE MORINVAL.

Heureux, moi ? sans sujet mes parens m'ont haï ;
Par des gens que j'aimois, je me suis vu trahi.

M. DE PLINVILLE.

Oubliez-les ; songez à l'ami qui vous reste.

M. DE MORINVAL.

Puis-je oublier encor cet accident funeste,
Qui me priva d'un frère, hélas ! que j'adorois ?

M. DE PLINVILLE.

Je vous en tiendrai lieu.

M. DE MORINVAL.

              Puis, quatre mois après,
Je devins veuf. Dès lors isolé, sans famille...

M. DE PLINVILLE.

Mais, si vous n'étiez veuf, vous n'auriez pas ma fille.

M. DE MORINVAL.

Je l'avoue.

M. DE PLINVILLE.

       A propos, ma nièce a désiré
Que de huit jours au moins l'hymen fût différé.

M. DE MORINVAL.

Et pourquoi donc ?

M. DE PLINVILLE.

         Sa sœur en ces lieux doit se rendre
Dans huit jours : je ne puis m'empêcher de l'attendre.

M. DE MORINVAL.

M. DE MORINVAL.

Mais elle ne devoit pas venir.

M. DE PLINVILLE.

Il est vrai ;
Elle a changé d'avis.

M. DE MORINVAL.

Mon ami , ce délai
N'est point naturel.

M. DE PLINVILLE.

Bon !

M. DE MORINVAL.

Je crains quelque mystère.

M. DE PLINVILLE.

A l'autre !

M. DE MORINVAL.

J'ai , je crois, le malheur de déplaire
A votre nièce.

M. DE PLINVILLE.

Eh ! mais, vous êtes singulier ;
Ma nièce fait de vous un cas particulier.
Et d'ailleurs, il suffit que ma fille vous aime.

M. DE MORINVAL.

Mais êtes-vous bien sûr qu'Angélique elle-même ?...

M. DE PLINVILLE.

Eh! puisqu'elle consent à vous donner sa main...

M. DE MORINVAL.

J'ai peur qu'elle ne forme à regret cet hymen.

Tome I.

9

M. DE PLINVILLE.

Vos frayeurs, entre nous, ne sont pas raisonnables.

M. DE MORINVAL.

Si fait : je ne suis point de ces gens fort aimables :
Je ne suis plus très-jeune.

M. DE PLINVILLE.

Avez-vous cinquante ans ?

M. DE MORINVAL.

Non, pas encor.

M. DE PLINVILLE.

Hé bien, ce n'est plus le printemps,
Mais ce n'est pas l'hiver. Ma fille est douce et sage ;
Elle aimera bien mieux un époux de votre âge. .

M. DE MORINVAL.

Je ne sais : ... cependant elle me parle peu.

M. DE PLINVILLE.

Elle n'est point parleuse, et j'en rends grâce à Dieu.

M. DE MORINVAL.

Je ne lui trouve pas cet air satisfait, tendre...

M. DE PLINVILLE.

Écoutez ; à notre âge, il ne faut pas s'attendre
A des transports d'amour...

M. DE MORINVAL.

Non, mais...

M. DE PLINVILLE.

Vous lui plaisez,
Vous avez son estime : hé bien, vous l'épousez.

Je vais vous confier le bonheur de ma fille,
Et nous ne ferons plus qu'une seule famille.
Déjà depuis long-temps nous étions bons amis,
Séparés par l'humeur, par le cœur réunis.
Vous me grondez toujours, et toujours je vous aime.
Vous me convenez fort, je vous conviens de même.
Vous avez, comme moi, naissance, bien, santé :
Il ne vous manque plus qu'un peu de ma gaieté ;
Mais c'est un beau secret que vous allez apprendre :
On doit devenir gai, quand on devient mon gendre.
(*Il prend Morinval sous le bras, et sort avec lui.*)

FIN DU PREMIER ACTE.

ACTE II.

SCÈNE PREMIÈRE.

M. BELFORT (*seul.*)

QUE mon sort est cruel! Que de maux j'ai soufferts!
L'avenir m'en prépare encor de plus amers.
Non, je ne puis jamais être heureux ni tranquille.
Ah! je devrois quitter ce dangereux asile;
Je le veux, et pourtant j'y reste malgré moi.
(Il rêve.)

SCÈNE II.

Mme. DE ROSELLE, M. BELFORT (1).

Mme. DE ROSELLE (*de loin, à part.*)

Il doit être en ces lieux. Oui, c'est lui que je voi;
Profitons du moment. Avec un peu d'adresse,
De ses secrets bientôt je me rendrai maîtresse.
A son âge, on est franc, facile à pénétrer.
    (*Haut, à Belfort.*)
Ah! je n'espérois pas ici vous rencontrer,
Monsieur Belfort.

____

(1) Cette Scène est de mon ami Andrieux. (Voyez la Préface
l'Optimiste.)

M. BELFORT.

Madame !...

Mme. DE ROSELLE.

Excusez, je vous prie ;
Je trouble quelque douce et tendre rêverie.

M. BELFORT.

Vous m'honorez beaucoup, en daignant la troubler.

Mme. DE ROSELLE.

Moi, je serai fort aise aussi de vous parler.
Soyez persuadé qu'à vous je m'intéresse :
Je vous crois l'âme honnête et pleine de noblesse.
Vous avez de l'esprit.

M. BELFORT.

Ah ! Madame !

Mme. DE ROSELLE.

Je veux
Que nous fassions ici connoissance tous deux.

M. BELFORT.

Madame, un tel discours et me flatte et m'oblige.

Mme. DE ROSELLE.

Oui, je veux tout-à-fait vous connoître, vous dis-je.
Vous pouvez me parler sans nul déguisement.
Que faites-vous ici ? répondez franchement.

M. BELFORT.

Moi ? j'y suis Secrétaire, et fort content de l'être.

Mme. DE ROSELLE.

Voilà tout ?

M. BELFORT.

Voilà tout.

Mme. DE ROSELLE.

Vous êtes bien le maître

De ne pas m'avouer, Monsieur, tous vos secrets :
Mais , tenez, je les sais, ou du moins à peu près.

M. BELFORT.

Que savez-vous ?

Mme. DE ROSELLE.

         En vain vous voudriez me taire
Que vous n'êtes point fait pour être Secrétaire.

M. BELFORT.

Sur quoi le jugez-vous ?

Mme. DE ROSELLE.

         C'est que j'ai de bons yeux ,
Le talent d'observer, et l'esprit curieux.
Un geste , un seul regard en dit plus qu'on ne pense.
Et puis, quelqu'un peut-être a votre confidence :
On auroit pu savoir par des gens bien instruits...

M. BELFORT.

Oh ! non : je réponds bien qu'on ignore où je suis.
Mon père , dans le monde , est le seul qui le sache.

Mme. DE ROSELLE.

Oui ? j'avois donc raison. Ici Monsieur se cache :
Vous allez admirer ma pénétration.
Vous êtes, je le vois, né de condition.

M. BELFORT.

Qui peut vous avoir dit ?... quelle surprise extrême !

Mme. DE ROSELLE.

Faut-il vous raconter votre histoire à vous-même ?

Votre nom de Belfort est un nom supposé.

M. BELFORT.

Vous le savez?

Mme. DE ROSELLE.

Ici, vous êtes déguisé.

M. BELFORT.

Déguisé? point du tout.

Mme. DE ROSELLE.

    Par quelle fantaisie
Avez-vous accepté cet emploi, je vous prie?

M. BELFORT.

Mais, par nécessité.

Mme. DE ROSELLE.

    Vous plaisantez, comment?
Votre père a du bien?

M. BELFORT.

    Oh! non, certainement.
Il en avoit jadis; mais un revers funeste...

Mme. DE ROSELLE.

Allons : dispensez-moi de vous conter le reste.
Vous voyez que je sais votre histoire assez bien.

M. BELFORT.

Je vois que vous savez très-peu de chose, ou rien.

Mme. DE ROSELLE.

Oui dà! vous me piquez. Hé bien, voulez-vous faire
Entre nous un accord qui ne peut vous déplaire?

Je vais vous dire encor quelque chose en secret.
Si je me trompe, à vous permis d'être discret.
Vous ne m'avoûrez rien. Mais si, par aventure,
Je ne vous dis ici que la vérité pure ;
Alors, promettez-moi de ne me rien cacher.
Il faut y consentir, ou vous m'allez fâcher.

M. BELFORT.

Eh bien, j'en cours le risque, et j'y consens, Madame.

Mme. DE ROSELLE.

Voici donc mon secret : C'est qu'au fond de votre ame
Vous aimez ma cousine, et que vous combattez
En vain un sentiment...

M. BELFORT.

       Ah ! Madame, arrêtez :
Comment avez-vous pu deviner que je l'aime,
Tandis que je voulois le cacher à moi-même ?

Mme. DE ROSELLE.

C'est donc là le moyen de vous faire parler ?
J'en étois sûre.

M. BELFORT.

       Ah ! Dieu ! vous me faites trembler.
Ce secret qu'en mon cœur vous venez de surprendre,
Gardez-le moi du moins. Je vais tout vous apprendre,
Madame ; vos bontés ont su m'encourager.
Vous lirez dans mon cœur, et vous m'aller juger.
Vos conseils guideront mon inexpérience,
Ne vous offensez pas de tant de confiance.

Mme. DE ROSELLE.

M'en offenser, Monsieur, moi qui veux l'obtenir ?
Non, en me l'accordant, vous me ferez plaisir.
Mais quoi, si vous voulez qu'en ceci je vous serve,
Il faudra me parler franchement, sans réserve.

On vous nomme ?

M. BELFORT.

Dormeuil.

Mme. DE ROSELLE.

Dormeuil ! Eh ! mais je crois
Que nous avons beaucoup de Dormeuil, en Artois.

M. BELFORT.

J'en suis.

Mme. DE ROSELLE.

Bon ! en ce cas, je connois votre père,
Je l'ai vu fort souvent. C'est un bon militaire,
Fort estimé, rempli de courage et d'honneur :
Mais il aime le jeu, dit-on, à la fureur ;
Et cette passion, aujourd'hui trop commune,
A dérangé, je crois, tout-à-fait sa fortune.

M. BELFORT.

Il est vrai : vous savez d'où vient tout mon malheur.
Un père que j'adore, en est le seul auteur.
Je sais qu'il m'aime, au fond, et je lui rends justice.
Il m'avoit, jeune encor, fait entrer au Service.
Mais, privé de secours, y pouvois-je rester ?
Manquant de tout, Madame, il m'a fallu quitter.
J'ai fui. J'ai cru devoir, honteux de ma misère,
Déguiser ma naissance et le nom de mon père.
Je vins ici : mon cœur y perdit son repos ;
Et c'est-là le dernier, le plus grand de mes maux.

Mme. DE ROSELLE.

A ma jeune cousine avez-vous fait connoître
Votre amour ?

M. BELFORT.

Ah ! jamais. Moi le laisser paroître !

Hasarder un aveu? j'étois loin d'y penser.
A la fuir dès long-temps j'aurois dû me forcer.
Souvent j'allois partir ; un charme involontaire
M'a retenu près d'elle : au moins j'ai su me taire ;
Trop heureux de songer, quand je vois sa froideur,
Que je n'ai pas troublé sa paix et son bonheur !
Mais on vient : c'est Monsieur. Il faut que je l'évite,
Il pourroit voir mon trouble.

Mme. DE ROSELLE.

Eh quoi ! partir si vite ?
(Il va pour sortir.)

SCÈNE III.

M. BELFORT, M. DE PLINVILLE, Mme. DE ROSELLE.

M. DE PLINVILLE (à M. Belfort.)

Bon ! vous vous retirez, en me voyant ? pourquoi ?
Eh mais, ne faites point d'attention à moi.
Du matin jusqu'au soir, je viens, je me promène ;
Vers ce lieu-ci, surtout, un penchant me ramène.

Mme. DE ROSELLE.

J'y viens souvent aussi. C'est un joli berceau,
Solitaire, et pourtant très-voisin du château.

M. DE PLINVILLE.

Vous-même, cher Belfort, c'est ici, ce me semble,
Que vous et votre élève étudiez ensemble.

M. BELFORT.

Oui, Monsieur, très-souvent.

M. DE PLINVILLE.

Et vous avez raison.
Voici , je crois , bientôt l'heure de la leçon.

(*A Madame de Roselle.*)

Angélique est savante : elle lit les Poëtes.

(*A M. Belfort.*)

Moi , je l'ai toujours dit : jeune comme vous l'êtes ,
On enseigne bien mieux : rien n'est plus naturel.
Vous êtes, sans mentir, un bien heureux mortel !
Vous avez pour élève une jeune personne ,
J'ose le dire , aimable , aussi belle que bonne.
Vous habitez d'ailleurs le plus charmant pays !...
Je vous traite aussi-bien qu'on traiteroit un fils.
Il est aisé de voir que ma femme vous aime.
Chacun en fait autant ; et ma fille elle-même ,
Quand on parle de vous...

M. BELFORT (*très-ému.*)

Elle me fait honneur,
Monsieur... assurément... je sens tout mon bonheur.
Je ne puis exprimer... Pardon, je me retire.

M. DE PLINVILLE.

Allez, j'entends fort bien ce que cela veut dire.

Mme. DE ROSELLE (*à part.*)

Ah mon cher oncle ! moi , je l'entends mieux que vous.

SCÈNE IV.

M. DE PLINVILLE, Mme. DE ROSELLE.

M. DE PLINVILLE.

Intéressant jeune homme ! il s'éloigne de nous,
Tout pénétré de joie et de reconnoissance.
Je suis charmé d'avoir fait cette connoissance.

Mme. DE ROSELLE.

De sa réception on m'a fait le récit :
Il est plaisant.

M. DE PLINVILLE.

Toujours cela me réussit.
Je suis sans me vanter, bon physionomiste ;
Et je ne pense pas que, depuis que j'existe...

Mme. DE ROSELLE.

Vous prîtes cependant un laquais, l'an passé.
Pour vol, presqu'aussitôt, ma tante l'a chassé.
Vous aimiez, m'a-t-on dit, sa physionomie.

M. DE PLINVILLE.

Oh ! l'on peut se tromper une fois en sa vie.
Mais tu vois, sur Belfort si je me suis trompé !
Dès le premier abord sa candeur m'a frappé.

Mme. DE ROSELLE.

Oui, moi-même, en effet, dès la première vue,
Son air modeste et franc pour lui m'a prévenue,
J'en conviens.

M. DE PLINVILLE.

Je le crois. Il suffit de le voir.

Mme. DE ROSELLE.

Mais, entre nous, pourtant, j'aurois voulu savoir...

M. DE PLINVILLE.

Savoir ? quoi ?

Mme. DE ROSELLE.

M'informer...

M. DE PLINVILLE.

Si Belfort est honnête ?
Me préserve le ciel d'une pareille enquête !
Loin de moi les soupçons et les certificats :
Cela répugne trop à des cœurs délicats.
Le charme de la vie est dans la confiance.
J'en ai fait, mille fois, la douce expérience :
Chaque jour je l'éprouve au sujet de Belfort.
Va, les honnêtes gens se connoissent d'abord.
Un certain... ou plutôt, veux-tu que je te dise ?
Je crois fort, et toujours ce fut-là ma devise,
Que les hommes sont tous, oui, tous, honnêtes, bons.
On dit qu'il est beaucoup de méchans, de fripons ;
Je n'en crois rien ; je veux qu'il s'en trouve peut-être
Un ou deux ; mais ils sont aisés à reconnoître :
Et puis, j'aime bien mieux, je le dis sans détours,
Être une fois trompé, que de craindre toujours.

Mme. DE ROSELLE.

Eh ! qui de vous tromper pourroit être capable ?
Vous êtes pour cela trop bon et trop aimable.
Je me sens attendrie ; il semble, auprès de vous,
Que je respire un air et plus calme et plus doux.

Mais quelqu'un vient , je crois.

M. DE PLINVILLE (regarde.)

C'est ma chère Angélique.

Mme. DE ROSELLE.

Voyez , n'est-elle pas sombre , mélancolique ?

M. DE PLINVILLE.

Non. Ma fille toujours a l'esprit occupé.
Elle pense à l'anglais , ou je suis bien trompé.

Mme. DE ROSELLE.

Elle marche à pas lents.

M. DE PLINVILLE.

Oui , sa démarche est sage.

Quelle aimable candeur brille sur son visage !

Mme. DE ROSELLE.

Elle ne nous voit pas.

M. DE PLINVILLE.

Oh ! ce bois est charmant.

Nous allons , nous venons , sans nous voir seulement.

SCÈNE V.

Mme. DE ROSELLE, M. DE PLINVILLE, ANGÉLIQUE

(*Angélique vient sur le théâtre, et rêve, sans voir son père ni sa cousine.*)

M. DE PLINVILLE (*s'avance doucement derrière elle.*)

Angélique ! Angélique !

ANGÉLIQUE.

Ah ! mon père ! ah ! Madame !

M. DE PLINVILLE.

Ce cri-là m'est allé jusques au fond de l'ame.

Mme. DE ROSELLE.

Bonjour, mon cœur.

M. DE PLINVILLE.

Bonjour. Quel teint frais et vermeil !

ANGÉLIQUE.

J'ai cependant dormi d'un très-léger sommeil.

M. DE PLINVILLE.

Léger, mais calme et doux, celui de l'innocence.
C'est aussi le sommeil de la convalescence.
Mais je suis un peu las : depuis le déjeûné,
Je cours. Asseyons-nous.

(*Il s'assied.*)

SCÈNE VI.

Mme. DE ROSELLE, M. DE PLINVILLE, ANGÉLIQUE, Mme. DE PLINVILLE.

Mme. DE PLINVILLE.

Je l'avois deviné.
Ce bosquet deviendra salon de compagnie.
Et moi, je reste seule : avec moi, l'on s'ennuie.

Mme. DE ROSELLE.

A la campagne, on peut quelquefois se quitter.

Mme. DE PLINVILLE.

Fort bien. Mais vous, Monsieur, allez donc visiter
Vos ouvriers.

M. DE PLINVILLE.

J'y vais. J'aurois été bien aise
De rester ; mais, pour peu que cela te déplaise,
Je pars. Puis, j'aime à voir ces pauvres malheureux
Travailler en chantant. Je raisonne avec eux.

Mme. DE PLINVILLE.

Et vous les dérangez.

M. DE PLINVILLE.

Voyez le grand dommage !
Cela les désennuie : ils font assez d'ouvrage.

Mme. DE PLINVILLE.

Mais allez donc, enfin.

M. DE PLINVILLE.

Eh ! calme-toi, bon Dieu !
Ce ton-là, tu le sais, m'épouvante fort peu :

Si

Si je cède souvent, va, ce n'est pas, ma chère,
que je te craigne; oh non! c'est que j'aime à te plaire.

Mme. DE ROSELLE.

Eh ! nous le savons bien.

*(Il s'en va, se retourne, envoie un baiser à sa
femme, sourit à sa nièce et à sa fille, et sort
gaiement.)*

SCÈNE VII.

Mme. DE ROSELLE, Mme. DE PLINVILLE, ANGÉLIQUE.

M. DE PLINVILLE.

        C'est un cœur excellent :
Mais, si quelqu'un ici n'avoit pas le talent...

Mme. DE ROSELLE.

Vous l'avez ; car à tout ma tante fait suffire.
C'est un coup d'œil ! un tact !.. Pour moi, je vous admire.
Mais j'aime bien mon oncle. Il est si gai !

Mme. DE PLINVILLE.

                Fort bien :
Mais cette gaîté-là, pourtant, n'est bonne à rien.

Mme. DE ROSELLE.

Elle est bonne pour lui, du moins.

Mme. DE PLINVILLE.

        Le beau mérite !
Cette indulgence enfin, sa vertu favorite,

Fait que tout va de mal en pis dans sa maison :
Trouver tout bien, ainsi, sans rime ni raison,
C'est ne penser qu'à soi.

Mme. DE ROSELLE.

Bon !

Mme. DE PLINVILLE.

Un tel Optimisme,
A parler franchement, ressemble à l'égoïsme.

Mme. DE ROSELLE.

Egoïsme ? mon oncle un égoïste, ô ciel !
Il a, je vous l'avoue, un heureux naturel :
Mais s'il prend très-souvent ses maux en patience,
Même gaîment ; a-t-il la même insouciance,
Quand il s'agit des maux et des revers d'autrui ?
Quel est le pauvre enfin qui n'ait un père en lui ?
Je conçois, en effet, que mon oncle, à la ronde
Faisant autant d'heureux, croie heureux tout le monde.

(Regardant Angélique avec intérêt.)

Il peut bien se tromper sur le choix des moyens
D'assurer son bonheur, et le bonheur des siens :
Mais son intention est toujours droite et pure ;
Et je souhaiterois à tel qui le censure,
Et la même franchise et la même bonté.

Mme. DE PLINVILLE.

Eh mais quelle chaleur ! il semble, en vérité !...

Mme. DE ROSELLE.

Que du nom d'*Optimiste* en riant on le nomme ;
Mais qu'on dise que c'est un honnête, un digne homme.

Mme. DE PLINVILLE.

Qui vous dit le contraire ?

ANGÉLIQUE.

Oh ! personne ; mais quoi !
L'entendre ainsi louer, est un plaisir pour moi,
Je ne m'en défends pas.

Mme. DE PLINVILLE.

Fort bien, Mademoiselle,
Mais la leçon d'anglais, quand commencera-t-elle ?

ANGÉLIQUE.

Je croyois rencontrer monsieur Belfort ici.

Mme. DE PLINVILLE.

Eh bien, de son côté, Belfort vous cherche aussi.

ANGÉLIQUE (*voulant sortir.*)

Je vais...

Mme. DE PLINVILLE.

Où ? le chercher au bout de l'avenue ?
Perdez tout votre temps en allée et venue !
Je retourne au château ; je vais vous l'envoyer.
Attendez-le, et songez à bien étudier.
Car vous vous mariez dans quelques jours peut-être :
Il faudra bien qu'alors vous vous passiez de maître.

(*Elle sort.*)

SCÈNE VIII.

Mme. DE ROSELLE, ANGÉLIQUE.

Mme. DE ROSELLE.

Je vous possède donc pour un petit moment.
On ne peut vous parler, ni vous voir seulement.
Il semble, en vérité, que vous fuiez ma vue :
C'est cependant pour vous qu'ici je suis venue.

ANGÉLIQUE.

D'un tel empressement mon cœur est pénétré.

Mme. DE ROSELLE.

En ce cas, prouvez-moi que vous m'en savez gré.
De ma jeune cousine on me vantoit sans cesse
L'enjoûment, la beauté, la grâce, la finesse.
Je trouve bien l'esprit, la grâce, les appas;
Mais, quant à l'enjoûment, je ne le trouve pas.

ANGÉLIQUE.

Vous me flattez. Pour moi, s'il faut que je le dise,
Plus agréablement je fus d'abord surprise ;
Car tout ce que je vois est encore au-dessus...

Mme. DE ROSELLE.

Ne me louez pas tant, et riez un peu plus.
Faut-il donc vous prier d'être gaie, à votre âge,
Surtout quatre ou cinq jours avant le mariage ?
Le mari dont pour vous vos parens ont fait choix,
Mérite votre amour, ou du moins je le crois.

ANGÉLIQUE.

Il est fort estimable.

Mme. DE ROSELLE.

Oh ! tout-à-fait, ma chère.
Et vous formez ces nœuds avec plaisir, j'espère.

ANGÉLIQUE.

Avec plaisir, Madame? oui, c'en est un pour moi
De contenter mon père ; il engage ma foi,
Me donne à son ami : j'obéis sans murmure.

Mme. DE ROSELLE.

Vous serez très-heureuse avec lui, j'en suis sûre.

(*A part.*)

Pauvre enfant ! Ne laissons point faire cet hymen.
Mais j'aperçois Belfort. Suivons notre examen :
Sachons si , par hasard , ils sont d'intelligence.

SCÈNE IX.

Mme. DE ROSELLE, ANGÉLIQUE, M. BELFORT.

Mme. DE ROSELLE.

On pourroit vous gronder d'un peu de négligence.
On vous attend ici depuis long-temps...

M. BELFORT.

Pardon.

J'ai peut-être manqué l'heure de la leçon :
Mais c'est que j'ai cherché long-temps Mademoiselle.

ANGÉLIQUE.

Point d'excuse , Monsieur. Je connois votre zèle.

Mme. DE ROSELLE.

Avez-vous un livre ?

M. BELFORT.

Oui ; j'ai là Milton.

Mme. DE ROSELLE.

Eh bien

Commencez la leçon. Que je n'empêche rien.

(*A part.*)

Je vais les observer.

ANGÉLIQUE.

Mais...

Mme. DE ROSELLE.

                 Commencez, de grace.
Je n'entends point l'anglais; mais j'ai sur moi le Tasse.
Je vais lire à deux pas. Allons, point de façon.
(*Elle se retire, mais ne va pas loin; et pendant*
    la scène suivante, paroît de temps en temps à
    travers le feuillage.)

SCÈNE X.

ANGÉLIQUE, M. BELFORT.

(*Ils restent un moment sans rien dire.*)

ANGÉLIQUE.

Je vais mettre à profit, Monsieur, cette leçon.
Car... que sai-je ?.. peut-être est-elle la dernière.

M. BELFORT.

Vous croyez ?...

ANGÉLIQUE.

           Je le crains, Monsieur. Votre écolière
Auroit encore besoin de vos leçons, je croi.

M. BELFORT.

Monsieur de Morinval sait l'anglais mieux que moi,
Et....

ANGÉLIQUE.

      Je ne doute point du tout de sa science;
Mais je doute qu'il ait autant de patience.-

M. BELFORT.

Croyez qu'auprès de vous, on n'en a pas besoin.
Sans doute, avec plaisir, il va prendre ce soin :

Puis il parle la langue , il arrive de Londre ;
Et c'est un avantage...

ANGÉLIQUE.

Oh ! je puis vous répondre
Que je n'apprendrai point à prononcer l'anglois ;
L'entendre bien , voilà tout ce que je voulois.

M. BELFORT.

Mais vous en êtes là : car enfin il me semble
Que vous l'entendez...

ANGÉLIQUE.

Oui , quand nous lisons ensemble.
Grâces à vous , Monsieur, je suis prompte à saisir ;
Vous enseignez si bien !

M. BELFORT.

J'enseigne avec plaisir ,
Du moins : il est aisé d'instruire une personne
Qui profite si bien des leçons qu'on lui donne !

ANGÉLIQUE.

Vous trouvez donc , vraiment, que je fais des progrès ?

M. BELFORT.

Ah ! beaucoup.

ANGÉLIQUE.

Cette étude a pour moi des attraits ,
Monsieur : j'ai tout de suite aimé la langue anglaise.

M. BELFORT.

Je ne suis point du tout surpris qu'elle vous plaise,
Mademoiselle : il est des Anglaises à vous
Un tel rapport d'humeur, de sentimens , de goûts !...

ANGÉLIQUE.

Vous croyez ?...

M. BELFORT.

Vous avez beaucoup de leurs manières.
Elles sont nobles, même elles sont un peu fières ;
Elles parlent très-peu, mais parlent à propos,
Ne médisent jamais ; et dans leurs moindres mots,
On voit régner toujours une sage réserve.
Voilà leur caractère ; et plus je vous observe,
Plus je crois voir qu'au vôtre il ressemble en tout point.

ANGÉLIQUE.

Je le souhaite, mais je ne m'en flatte point.

M. BELFORT.

Hé bien, je trouve encore une autre ressemblance.
Oui, d'elles vous avez jusqu'à l'indifférence...
Ah ! pardon, je n'ai pas dessein de vous blâmer :
C'est sans doute un bonheur que de ne point aimer.
Mais vous leur ressemblez en cela davantage.
Car enfin, chacun sait qu'elles ont en partage
Un calme, une froideur... et peut-être un dédain
Qui sait les préserver...

ANGÉLIQUE.

Oui, d'un penchant soudain.
Mais elles ne sont pas toujours aussi paisibles.
Souvent ces dehors froids cachent des cœurs sensibles,
Où l'amour, en effet, entre d'un pas plus lent,
Mais tôt ou tard, allume un feu plus violent...
Nous avons vu cela, Monsieur, dans nos lectures.

M. BELFORT.

Oui, nous en avons lu d'assez belles peintures :

Mademoiselle lit avec goût, avec fruit.
ANGÉLIQUE.
Nous oublions, je crois, la leçon : le temps fuit.

SCÈNE XI.

ANGÉLIQUE, Mme. DE ROSELLE,
M. BELFORT.

Mme. DE ROSELLE.
Hé bien , notre écolière est-elle un peu savante ?

M. BELFORT.
Tout-à-fait.
Mme. DE ROSELLE (*sans trop d'affectation.*)
La lecture étoit intéressante.
Vous êtes attendrie , et votre maître aussi.
Ce Milton quelquefois est touchant. Mais voici
Rose...

SCÈNE XII.

Les mêmes , ROSE.

(Nota. *Que dans la scène précédente, on a dû obs-
curcir le théâtre , pour annoncer l'orage.*)

ROSE.
Eh mais, venez donc. Il va faire un orage
Terrible.
ANGÉLIQUE.
Un orage ?
ROSE.
Oui. Voyez ce gros nuage.

ANGÉLIQUE.

En effet, je n'avois pas fait attention....

Mme. DE ROSELLE (*finement, mais toujours*
sans affectation.)

Il est vrai, quelquefois la conversation
Nous occupe si fort !

ROSE.

Allons nous-en bien vîte.

Mme. DE ROSELLE.

Elle a raison.

ROSE.

N'ayez pas peur que je vous quitte.
Mais j'aperçois Monsieur, ah ! j'ai moins de frayeur.

SCÈNE XIII.

Les mémes, M. DE PLINVILLE.

M. BELFORT.

Le ciel est tout en feu.

M. DE PLINVILLE.

Quel spectacle enchanteur !..
Je vais de ce tableau jouir tout à mon aise.

Mme. DE ROSELLE.

Mais comment se peut-il que ce tableau vous plaise ?

ROSE.

Ah ! Monsieur ! sauvons-nous.

M. DE PLINVILLE.

Allons, Rose, du cœur.
Auprès de moi, jamais, peux-tu craindre un malheur !
(*Un coup de tonnerre épouvantable.*)

TOUTES LES FEMMES.

Ah ! Dieu !

M. BELFORT.

Quel bruit affreux !

M. DE PLINVILLE.

Le beau coup ! il m'enflamme,
Vers la Divinité cela m'élève l'ame.

ANGÉLIQUE.

Sans doute, il est tombé tout près d'ici.

M. DE PLINVILLE.

Non, non.
Le tonnerre jamais ne tombe en ce canton.
La grêle dans nos champs ne fait point de ravages ;
La rivière jamais n'inonde nos rivages.

Mme. DE ROSELLE.

C'est vraiment un pays rare que celui-ci.

SCÈNE XIV.

Les mêmes, M. DE MORINVAL.

M. DE MORINVAL.

Voyons, trouverez-vous du bonheur à ceci ?
Le tonnerre est tombé...

M. DE PLINVILLE.

Bon ! où donc ?

M. DE MORINVAL.

Sur la grange.

Elle est en feu.

M. BELFORT.

J'y cours.

(*Il sort.*)

M. DE PLINVILLE.

Je respire.

M. DE MORINVAL.

Qu'entends-je !

Vous vous réjouirez encor de ce fléau ?

M. DE PLINVILLE.

Pourquoi non ? il pouvoit tomber sur le château (1).

(*Ils sortent tous.*)

---

(1) Quoique ce trait ait toujours paru faire plaisir, je n'en ai jamais été très-content. Je regrette de n'avoir pas connu plutôt l'excellent roman de Goldsmith (le Ministre de Wakefield). J'aurois pu faire usage d'un passage, où il est question aussi d'incendie, mais où l'Optimiste Primerose est bien supérieur au mien. Il craint quelque temps pour ses enfans, s'agite, se dévoue, les sauve enfin ; et voyant d'un côté sa femme et ses enfans hors de danger, et de l'autre sa maison en proie aux flammes, il s'écrie : « tu peux » brûler ! ô ma maison ! j'ai sauvé les meubles les plus précieux. » Qui ne sent l'énorme différence qu'il y a entre ce trait sublime, et une saillie qui fait rire seulement !

FIN DU SECOND ACTE.

ACTE III.

SCÈNE PREMIÈRE.

M. DE PLINVILLE, ROSE.

M. DE PLINVILLE.

Le soleil reparoît. L'herbe est déjà plus verte ;
Chaque fleur se ranime, et la terre entr'ouverte
Exhale un doux parfum. N'est-il pas vrai qu'on sent...
Un calme..., une fraîcheur..., un charme ravissant?
Car il en est de nous ainsi que d'une plante.
O que voilà, ma chère, une pluie excellente !
Nous avions grand besoin de cet orage-ci.

ROSE.

Mais la grange est détruite.

M. DE PLINVILLE.

     Il est vrai, mais aussi
J'ai sauvé l'écurie : elle étoit presque neuve.
Je le dois à Belfort. J'avois plus d'une preuve
De son bon cœur; mais quoi ! c'est un brave, vraiment.
As-tu vu comme il s'est exposé hardiment ?

ROSE.

Je le crois bien. Aussi s'est-il blessé.

M. DE PLINVILLE.

      Quoi, Rose ?

ROSE.

Il s'est brûlé la main.

M. DE PLINVILLE.

   Je sais, c'est peu de chose.

ROSE.

Peu de chose?

M. DE PLINVILLE.

Il m'a dit que cela n'étoit rien.

ROSE.

Il me l'a dit aussi ; mais moi , je voyois bien
Qu'il souffroit , et beaucoup ; car , à cette nouvelle ,
J'étois vîte accourue avec Mademoiselle.
Nous le voyons auprès de monsieur Morinval.
Il ne s'occupoit pas seulement de son mal.
« Sur votre main, Monsieur (lui dis-je), il faudroit mettre
» Quelque chose : je vais , si vous voulez permettre...»
« Bien obligé (dit-il) , il n'en est pas besoin. »
« Oh ! (dis-je) , avec plaisir, je vais prendre ce soin. »
Il me donne sa main ; ma maîtresse déchire
Un mouchoir, en tremblant : lui, paroissoit sourire ,
Regardoit, tour à tour, Mademoiselle et moi :
J'en suis encore émue , et je ne sais pourquoi.

M. DE PLINVILLE.

Tu m'enchantes : l'aimable et douce créature !

ROSE.

Il se faut entr'aider ; c'est la loi de nature.
Dans la Fontaine , hier , je lisois ce vers–là.

M. DE PLINVILLE.

Vous lisez la Fontaine ?

ROSE.

Eh oui , je sais déjà
Douze fables au moins : cela s'apprend sans peine.
J'ai mon livre à la main , lorsque je me promène.

M. DE PLINVILLE.

Bien.

ROSE.

C'est monsieur Belfort qui m'en a fait présent.
Il me fait réciter : il est si complaisant !

M. DE PLINVILLE.

D'avoir un pareil maître Angélique est charmée ?...

ROSE.

Oh ! oui. C'est bien dommage : on est accoutumée....
Ce mariage-là va nous contrarier.

M. DE PLINVILLE.

Que veux-tu, mon enfant ? il faut se marier.

SCÈNE II.

M. DE PLINVILLE, Mme. DE PLINVILLE, ROSE.

Mme. DE PLINVILLE.

A quoi s'amuse-t-elle ? à babiller ?

ROSE.

            J'arrive.

Mme. DE PLINVILLE.

Partez, allez ranger. Surtout, soyez moins vive.

ROSE.

Pardon.

Mme. DE PLINVILLE.

Qu'attendez-vous ? partez donc.

ROSE.

            Je m'en vais.

Mademoiselle, au moins, ne me gronde jamais.

(Elle sort.)

SCÈNE III.

M. DE PLINVILLE, Mme. DE PLINVILLE.

M. DE PLINVILLE.

Je suis vraiment fâché, quand je vois qu'on la gronde;
Car je l'aime beaucoup.

Mme. DE PLINVILLE.

Vous aimez tout le monde.

M. DE PLINVILLE.

Rien n'est plus naturel. Hé bien, parlons du feu.
Il est éteint.

Mme. DE PLINVILLE.

Enfin !

M. DE PLINVILLE.

En peu de temps, parbleu !
On s'en est rendu maître. Il n'a duré qu'une heure.
On l'a mené !...

Mme. DE PLINVILLE.

Riez !

M. DE PLINVILLE.

Voulez-vous que je pleure ?

Mme. DE PLINVILLE.

Je sais bien que jamais vous n'avez de chagrin.

M. DE PLINVILLE.

Eh ! tant mieux.

Mme. DE PLINVILLE.

A lui voir ce visage serein,

On

On croiroit qu'il s'agit de la grange d'un autre !

M. DE PLINVILLE.

J'aime mieux que le feu soit tombé sur la nôtre.
Pour tout autre, ce coup eût été plus fatal :
Nous sommes en état de supporter le mal.

Mme. DE PLINVILLE.

Vous êtes, sans mentir, un homme bien étrange !

M. DE PLINVILLE.

Eh ! de quoi s'agit-il, après tout ? d'une grange.
Hé bien, ma chère amie, on la rebâtira.
J'ai du bois en réserve, et l'on s'en servira.
Je n'ai pas fait bâtir depuis long-temps, je pense.

Mme. DE PLINVILLE.

Vous ne cherchez qu'à faire ici de la dépense.

M. DE PLINVILLE.

Les pauvres ouvriers y gagneront. Enfin,
Sans de tels accidens, beaucoup mourroient de faim.
Eh ! ne faut-il donc pas que tout le monde vive ?

Mme. DE PLINVILLE.

Oui, mais en nourrissant les autres, il arrive
Qu'on se ruine.

M. DE PLINVILLE.

Bon ! l'on a toujours assez.
Et les cent mille écus qu'à Paris j'ai laissés ?

Mme. DE PINVILLE.

Vous avez mal choisi votre dépositaire.
Que ne les placiez-vous plutôt chez un Notaire !

TOME I.   11

M. DE PLINVILLE.

Un Notaire, crois-moi, ne vaut pas un ami.
Dorval, assurément, ne s'est point endormi.
Il devoit me placer, comme il faut, cette somme.

Mme. DE PLINVILLE.

Mais êtes-vous bien sûr qu'il soit un honnête homme ?

M. DE PLINVILLE.

Honnête homme ? Dorval !...

Mme. DE PLINVILLE.

Je sais qu'il joue.

M. DE PLINVILLE.

Un peu.

Mme. DE PLINVILLE.

Beaucoup : c'est un joueur.

M. DE PLINVILLE.

Il est heureux au jeu.

Mme. DE PLINVILLE.

La rente cependant ne vient point.

M. DE PLINVILLE.

Oh ! j'espère...

Mme. DE PLINVILLE.

Vous espérez toujours !

SCÈNE IV.

ANGÉLIQUE, M. et Mme. DE PLINVILLE.

M. DE PLINVILLE (*à Angélique.*)

Ah ! te voilà , ma chère ;
Hé bien, es-tu remise un peu de ta frayeur ?

ANGÉLIQUE.

Oui ; je craignois encore un bien plus grand malheur.

M. DE PLINVILLE.

Çà, puisque le hasard tous les trois nous rassemble,
Profitons-en : parlons de mariage ensemble.

Mme. DE PLINVILLE.

Au lieu d'en parler, moi, je vais tout préparer.
Ce n'est pas tout : il faut promptement réparer
Le tort qu'a fait le feu. Ce soin-là me regarde ;
Car à tous ces détails vous ne prenez pas garde.
Voilà la flamme éteinte, et vous croyez tout dit.
Quel homme !

(*Elle sort en haussant les épaules.*)

SCÈNE V.

ANGÉLIQUE, M. DE PLINVILLE.

M. DE PLINVILLE.

Son humeur, vraiment me divertit.
Dans un ménage, il faut de petites querelles.
Tu m'en diras bientôt, toi-même, des nouvelles.

ANGÉLIQUE.

Je vais donc vous quitter ?

M. DE PLINVILLE.

J'en ai bien du regret ;
Mais enfin...

ANGÉLIQUE.

Jour et nuit, j'en gémis en secret.

M. DE PLINVILLE.

Je le crois aisément : je connois ta tendresse.

ANGÉLIQUE (*serrant affectueusement la main de son père.*)

Mon père !...

M. DE PLINVILLE.

Aimable enfant ! Comme elle me caresse !
Délicieux transport ! ah ! viens, viens, dans mes bras.

ANGÉLIQUE.

M'aimez-vous ?

M. DE PLINVILLE.

Si je t'aime ? eh ! tu n'en doutes pas.
Je donnerois pour toi mon bien, mon sang, ma vie.

ANGÉLIQUE.

Hé bien...

M. DE PLINVILLE.

Parle, dis-moi ce qui te fait envie.

ANGÉLIQUE.

Mon père, auprès de vous que je vive toujours.

M. DE PLINVILLE.

Oui, j'aurois avec toi voulu finir mes jours.

Tu semerois de fleurs la fin de ma carrière :
Je sourirois encore, à mon heure dernière.
Mais ton futur époux demeure à trente pas ,
Et nous serons voisins.

ANGÉLIQUE.

Vous ne m'entendez pas.

M. DE PLINVILLE.

Si fait. Je t'entends bien. Crois que ton père est tendre ,
Qu'il est fait pour t'aimer et digne de t'entendre.
Tu soupires ?

ANGÉLIQUE.

Hélas ! si vous saviez … combien …
Morinval !...

M. DE PLINVILLE.

Est aimé ? va, va, je le sais bien.

SCÈNE VI.

Les mêmes, M. DE MORINVAL,
M. BELFORT.

(*Celui-ci a la main enveloppée d'un ruban noir.*)

M. DE PLINVILLE.

Ah ! bonjour mes amis.
(*A Morinval , d'un air mystérieux.*)

Mais quels progrès vous faites!

M. DE MORINVAL.

Comment ? que dites-vous ?

M. DE PLINVILLE.

Trop heureux que vous êtes!

M. DE MORINVAL.

Ce n'est pas mon défaut, cependant... Vous riez ?

M. DE PLINVILLE.

On vous aime cent fois plus que vous ne croyez ;
Et l'on vient de me faire un aveu...

ANGÉLIQUE.

Quoi, mon père ?...

M. DE PLINVILLE.

Non, tu voudrois, en vain, me prier de me taire.
Après tout, Morinval est ton futur époux.
Belfort est notre ami : nous le chérissons tous.
Sans doute il est charmé que Morinval te plaise.
N'est-il pas vrai, Monsieur ?

M. BELFORT (*d'un air contraint.*)

Qui ? moi ? j'en suis fort aise.

M. DE PLINVILLE.

Sachez donc...

ANGÉLIQUE.

C'en est trop. Je ne puis...

M. DE PLINVILLE.

Il suffit.
Je me tais ; mais je crois en avoir assez dit.

M. DE MORINVAL.

Mon bonheur est trop grand, pour qu'ici je le croie.
Je n'ose me livrer à l'excès de ma joie.

M. DE PLINVILLE.

Allons, doutez encor ! Mais quel homme ! En ce cas,
Vous mériteriez bien qu'on ne vous aimât pas.

Et vous, mon cher Belfort, comment va la blessure ?

M. BELFORT (*avec un chagrin concentré.*)

Ah ! je n'y songeois pas, Monsieur ; je vous assure.

M. DE PLINVILLE.

Je n'oublîrai jamais ce généreux secours.

M. BELFORT.

Monsieur, sans nul regret j'aurois donné mes jours.
Puis,... ces blessures-là ne sont pas dangereuses.

M. DE PLINVILLE.

C'est dommage, mon cher, qu'elles soient douloureuses.

M. BELFORT.

Celle-ci doit, du moins, avant peu se guérir :
Trop heureux qui n'a pas d'autres maux à souffrir !

(*Il sort.*)

SCÈNE VII.

ANGÉLIQUE, M. DE MORINVAL, M. DE PLINVILLE.

M. DE MORINVAL.

Il paroît abattu.

M. DE PLINVILLE.

Cette mélancolie
Lui sied : elle vaut mieux cent fois que la folie.
Mais parlons de vous deux. Ma fille, en ce moment,
Nous sommes sans témoins : et tu peux librement
Faire à ce bon ami, l'aveu...

SCÈNE VIII.

Les mêmes, LÉPINE (*d'un air niais.*)

LÉPINE.

Mademoiselle,
Madame vous demande.

M. DE PLINVILLE.

Eh! mais, que lui veut-elle?

LÉPINE.

Moi, je ne sais, Monsieur. On ne me dit jamais
Le pourquoi: seulement, on me dit *va*, je vais.

M. DE PLINVILLE.

Ce Lépine est naïf.

LÉPINE.

Vous êtes bien honnête.
Madame dit pourtant que je suis une bête;
Car Madame et Monsieur sont rarement d'accord:
Moi, je suis de l'avis de Monsieur: ai-je tort?

M. DE PLINVILLE.

Non, ce que tu dis-là prouveroit le contraire.

(*Lépine sort.*)

SCENE IX.

M. DE MORINVAL, M. DE PLINVILLE.

M. DE PLINVILLE.

Enfin vous êtes sûr que vous avez su plaire ;
Vous allez, je l'espère, être heureux à présent.

M. DE MORINVAL.

Oui, si l'on pouvoit l'être.

M. DE PLINVILLE.

      Ah ! le trait est plaisant.
Si l'on pouvoit!... comment, vous en doutez encore ?

M. DE MORINVAL.

Toujours.

M. DE PLINVILLE.

Mais, vous aimez ma fille ?

M. DE MORINVAL.

        Je l'adore.

M. DE PLINVILLE.

Angélique, à son tour, vous aime ?

M. DE MORINVAL.

       Je le croi.

M. DE PLINVILLE.

Vous allez recevoir et sa main et sa foi :
Que vous faut-il de plus ?

M. DE MORINVAL (*vivement.*)
      Mais est-on, je vous prie,
Heureux précisément, parce qu'on se marie ?

M. DE PLINVILLE.

Ah ! mon ami, l'hymen...

M. DE MORINVAL.

         L'hymen a ses douceurs,
Je le sais ; sur la vie il sème quelques fleurs.
Mais j'en vois les soucis, les ennuis, les alarmes.

M. DE PLINVILLE.

Eh ! voyez-en plutôt les plaisirs et les charmes ;
Voyez ces chers enfans, gages de votre amour...

M. DE MORINVAL.

A des infortunés je donnerai le jour.

M. DE PLINVILLE.

Les voilà malheureux, même avant que de naître !

M. DE MORINVAL.

Je le fus, je le suis : pourroient-ils ne pas l'être ?
Ils ne pourront, du moins, échapper aux douleurs.
L'homme, dès en naissant, crie et verse des pleurs.

M. DE PLINVILLE.

Ces pleurs sont un langage, et non pas une plainte.

M. DE MORINVAL.

De mille infirmités son enfance est atteinte.
Pendant deux ans entiers, captif en un berceau,
Il souffre...

M. DE PLINVILLE.

      Avant d'être arbre, il faut être arbrisseau.

M. DE MORINVAL.

Tôt ou tard, un poison dans les veines circule,
Qui défigure, ou tue...

M. DE PLINVILLE.

         Oui, mais on inocule.

M. DE MORINVAL.

En a-t-on moins le mal ?

M. DE PLINVILLE.

Il n'est plus dangereux.
Pour les femmes, surtout, ce secret est heureux :
Elles ne craignent point de se voir enlaidies.

M. DE MORINVAL.

Mais combien d'autres maux !...

M. DE PLINVILLE.

S'il est des maladies,
Il est des Médecins.

M. DE MORINVAL.

C'est encore bien pis.

M. DE PLINVILLE.

Répétez les bons mots que tout le monde a dits !
Il est d'habiles gens, et qu'à tort on insulte.
Souffre-t-on ? on écrit à Paris ; on consulte
Un illustre... Petit, je suppose : il répond ;
Et vous guérit bientôt (1).

M. DE MORINVAL.

Ah ! tout de suite !

M. DE PLINVILLE.

Au fond,
Soyons de bonne foi ; trop souvent nos souffrances
Sont la suite et le fruit de nos intempérances.

---

(1) Quelques Critiques ont prétendu que le Public, ainsi que M. Petit, n'avoient pas besoin de cet éloge ; mais ils n'ont pas pensé que j'en avois besoin, moi, et que j'acquittois ainsi une dette chère à mon cœur.

La nature nous a prodigué tous ses dons,
Nous abusons de tout; et puis, nous nous plaignons!

M. DE MORINVAL.

Vous pourriez, en ce point, avoir raison peut-être.
Mais qu'on a droit, d'ailleurs, de se plaindre! est-on maître,
Par exemple, d'avoir de la fortune?

M. DE PLINVILLE.

                       Non:
Mais le pauvre, content de sa condition,
Est heureux comme nous. Allez, le Ciel est juste;
Et l'ouvrier actif, le paysan robuste,
Ont aussi leurs plaisirs, plaisirs purs, naturels... (1)

M. DE MORINVAL.

Vous ne croyez donc pas qu'il soit des maux réels?

M. DE PLINVILLE.

Très-peu.

M. DE MORINVAL.

       Nos passions, ennemis domestiques,
Ne sont donc, selon vous, que des maux chimériques?

M. DE PLINVILLE.

Ah! fort bien! vous nommez les passions, des maux!
Sans elles, nous serions au rang des animaux.
Il faut des passions, il nous en faut, vous dis-je;
Et ce sont de vrais biens, pourvu qu'on les dirige.

M. DE MORINVAL.

Oui! dirigez l'amour!

M. DE PLINVILLE.

               Pourquoi non? sentez-vous
Ce qu'un amour honnête a de touchant, de doux?

---

(1) Voyez la Variante qui est à la suite de la Pièce.

Quel plaisir d'attendrir la beauté que l'on aime,
Et de s'aimer encore en un autre soi-même !
De !... J'en aurois parlé bien mieux à vingt-cinq ans.
Hélas ! j'ai, sans retour, passé cet heureux temps...
L'amitié me console, et je bénis la nôtre.

M. DE MORINVAL.

Vous nous parlez ici d'amour et d'amitié.
De nos affections ce n'est pas la moitié.
Ne comptez-vous pour rien l'avarice sordide,
L'ambition, l'envie et la haine perfide ?
Vous, Monsieur, qui peignez toutes choses en beau,
Je vous défie ici d'égayer le tableau.

M. DE PLINVILLE.

Oui, ces noms sont affreux, mais les choses sont rares.
Au siècle où nous vivons, il est fort peu d'avares.
D'envieux, Dieu merci, je n'en connois pas un :
La haine enfin n'est pas un vice très-commun.
L'ambition, peut-être, est un peu plus commune ;
Mais soit qu'elle ait pour but, les honneurs, la fortune,
C'est un beau mouvement qui n'est pas défendu :
Souvent, loin d'être un vice, elle est une vertu.
Chaque chose a son temps. L'enfance est consacrée
Aux doux jeux ; la jeunesse à l'amour est livrée,
Et l'âge mûr au soin d'établir sa maison.
Croyez-moi, le bonheur est de toute saison.

M. DE MORINVAL.

Vous allez voir qu'il est aussi dans la vieillesse !

M. DE PLINVILLE.

Sans doute, Morinval. Ainsi que la jeunesse,
A le bien prendre, elle a ses innocens plaisirs.
C'est l'âge du repos, celui des souvenirs.

J'aime à voir d'un vieillard la vénérable marche,
Les cheveux blancs ; je crois revoir un patriarche.
Il guide la jeunesse, il en est respecté ;
Il raconte une histoire, et se voit écouté.

M. DE MORINVAL.

Et tout cela finit ?

M. DE PLINVILLE.

      Mais... par la dernière heure.
Je suis né, Morinval ; il faut donc que je meure.
Hé bien, tranquille et gai jusqu'au dernier instant,
Comme je vis heureux, je dois mourir content.

M. DE MORINVAL.

Et moi.... Car à mon tour, il faut que je réponde,
Et que par mille faits, enfin, je vous confonde.
Je vous soutiens, morbleu ! qu'ici-bas tout est mal,
Tout, sans exception, au physique, au moral.
Nous souffrons en naissant, pendant la vie entière,
Et nous souffrons surtout à notre heure dernière.
Nous sentons, tourmentés au dedans, au dehors,
Et les chagrins de l'âme, et les douleurs du corps.
Les fléaux avec nous ne font ni paix ni trève :
Ou la terre s'entr'ouvre, ou la mer se soulève.
Nous-mêmes, à l'envi, déchaînés contre nous,
Comme si nous voulions nous exterminer tous,
Nous avons inventé les combats, les supplices.
C'étoit peu de nos maux, nous y joignons nos vices.
Aux riches, aux puissans l'innocent est vendu.
On outrage l'honneur, on flétrit la vertu.
Tous nos plaisirs sont faux, notre joie indécente :
On est vieux à vingt ans, libertin à soixante.

L'hymen est sans amour, l'amour n'est nulle part.
Pour le sexe, on n'a plus de respect ni d'égard.
On ne sait ce que c'est que de payer ses dettes ;
Et de sa bienfaisance on remplit les gazettes.
On fait de plate prose et de plus méchans vers.
On raisonne de tout, et toujours de travers ;
Et dans ce monde enfin, s'il faut que je le dise,
On ne voit que noirceur, et misère, et sottise.

M. DE PLINVILLE.

Voilà ce qui s'appelle un tableau consolant !
Vous ne le croyez pas, vous-même, ressemblant.
De cet excès d'humeur je ne vois point la cause.
Pourquoi donc s'emporter, mon ami, quand on cause ?
Vous parlez de volcans, de naufrage.... Eh ! mon cher,
Demeurez en Touraine, et n'allez point sur mer.
Sans doute, autant que vous, je déteste la guerre ;
Mais on s'éclaire enfin, on ne l'aura plus guère.
Bien des gens, dites-vous, doivent : sans contredit,
Ils ont tort ; mais pourquoi leur a-t-on fait crédit ?
L'hymen est sans amour ? Voyez dans ma famille.
L'amour n'est nulle part ? Demandez à ma fille.
Les femmes sont un peu coquettes ; ce n'est rien :
Ce sexe est fait pour plaire : il s'en acquitte bien.
Tous nos plaisirs sont faux ? mais quelquefois, à table,
Je vous ai vu goûter un plaisir véritable.
On fait de méchans vers ? eh! ne les lisez pas.
Il en paroît aussi, dont je fais très-grand cas.
On déraisonne ? eh oui, par fois, un faux systême
Nous égare... Entre nous, vous le prouvez vous-même.
Calmez donc votre bile, et croyez qu'en un mot,
L'homme n'est ni méchant, ni malheureux, ni sot.

M. DE MORINVAL.

Fort bien! Cette réponse est très-satisfaisante.

M. DE PLINVILLE.

Eh ! je ne réponds point, mon ami ; je plaisante.
Car, si je répliquois, nous ne finirions pas ;
Et ce seroit matière à d'éternels débats.
Pardon, de disputer vous avez la manie ;
Oui, vous semblez goûter une joie infinie
A ces tristes tableaux ; d'honneur ! vous affectez
De voir tous les objets par leurs mauvais côtés.

M. DE MORINVAL.

Ah ! j'ai grand tort !..

M. DE PLINVILLE.

           Peut-être ; oui, celui d'être extrême,
Et surtout de juger en moi comme un système,
Ce qui n'est que l'effet d'un heureux naturel,
Qu'on peut blâmer, dont, moi, je rends grâces au Ciel.
Je n'ai point cet esprit de fiel et de critique :
Simple, et me piquant peu de vaste politique,
Je supporte les maux, je savoure les biens :
J'en jouis, à la fois, pour moi-même et les miens,
Car mes soins ne pouvant embrasser tous les hommes,
Je tâche, ici du moins, que tous tant que nous sommes,
Goûtions la paix , l'aisance et le bonheur..., bonheur
Que je trouve surtout dans le fond de mon cœur.

M. DE MORINVAL.

Je vois bien qu'avec vous je n'ai plus qu'à me taire.
Gardez, Monsieur, gardez votre heureux caractère.

SCÈNE X.

SCÈNE X.

M. DE MORINVAL, M. DE PLINVILLE, Mme. DE ROSELLE.

Mme. DE ROSELLE.

En vérité, voilà des chasseurs bien hardis !

M. DE PLINVILLE.

Comment donc ?

Mme. DE ROSELLE.

      Ils sont là sept ou huit étourdis ,
Qui ne se gênent pas.

M. DE MORINVAL.

      Ayez donc une chasse !

M. DE PLINVILLE.

Ils se seront trompés : il faut leur faire grace.

M. DE MORINVAL.

Mais allez voir, du moins....

M. DE PLINVILLE.

      J'y vais...; quoiqu'entre nous,
Mon cher, je ne sois point de ces Seigneurs jaloux
Qui gardent leur gibier, comme on fait sa maîtresse.
Je sens très-bien qu'il faut excuser la jeunesse.
Qu'un jeune homme, en passant, tire sur un perdreau...

M. DE MORINVAL.

On ne vient pas tirer à vingt pas d'un château.

M. DE PLINVILLE.

Aussi, j'y vais mettre ordre. En me voyant paroître,
Ils seront plus fàchés que moi-même, peut-être.

M. DE MORINVAL.

Ne vous exposez pas.

M. DE PLINVILLE.

       A quoi, cher Morinval ?
Pourquoi donc voulez-vous qu'on me fasse du mal,
A moi, qui n'en ai fait de ma vie à personne ?

             (*Il sort.*)

SCÈNE XI.

M. DE MORINVAL, Mme. DE ROSELLE.

M. DE MORINVAL.

Jamais il ne craint rien, jamais il ne soupçonne ;
Quel homme !

Mme. DE ROSELLE.

       Je voudrois pourtant lui ressembler.

(*A part.*)
Allons, nous voilà seuls. Il est temps de parler.
(*Haut.*)
Vous accusez tout bas madame de Mirbelle,
Monsieur : votre bonheur est retardé par elle.

M. DE MORINVAL.

Je dois m'en consoler, puisque je la verrai.
Encor, si mon bonheur n'étoit que différé !

Mme. DE ROSELLE.

Ce retard, après tout, est fort heureux, peut-être.
Quand on doit s'épouser, il faut se bien connoître.

M. DE MORINVAL.

Pour connoître Angélique, il suffit d'un instant.
Et de moi, ce me semble, elle en peut dire autant.
Ma franchise, je crois...

Mme. DE ROSELLE.

          Sert d'excuse à la mienne.
Êtes-vous bien, Monsieur, sûr qu'elle vous convienne,
Sûr de lui convenir ?

M. DE MORINVAL.

          Ah! Quant au premier point,
Elle me plaît, Madame, et vous n'en doutez point.
Je n'ose pas ainsi me flatter de lui plaire.
Peut-être, en ce moment, savez-vous le contraire?
Elle vous l'aura dit.

Mme. DE ROSELLE.

          Point du tout, mais... j'ai peur...
Que vous dirai-je enfin ? il s'agit du bonheur.
Vous ne voudriez pas qu'elle fût malheureuse.
Vous avez pour cela l'âme trop généreuse....

M. DE MORINVAL.

Fort bien. Je vous entends : je vois ce qu'il en est.
Vous voulez doucement m'annoncer mon arrêt.

Mme. DE ROSELLE.

Mais... quoique votre peur puisse être mal fondée,
Vous ne feriez pas mal de suivre votre idée,

De savoir, en un mot, si l'on vous aime ou non.
La chose vous regarde.

M. DE MORINVAL.

             Oui, vous avez raison ;
Et si c'est un refus que sa bouche prononce,
D'abord, quoiqu'à regret, à sa main je renonce ;
Et je vous saurai gré de m'avoir averti.

(Il sort.)

SCÈNE XII.

Mme. DE ROSELLE (seule.)

C'est un fort galant homme : il prendra son parti.
Angélique, du moins, n'a plus d'hymen à craindre.
Elle sera, peut-être, encore bien à plaindre.
Mais son sort peut changer. Toujours est-ce un grand point
De ne pas épouser celui qu'on n'aime point.

FIN DU TROISIÈME ACTE.

ACTE IV.

SCÈNE PREMIÈRE.
ANGÉLIQUE, ROSE.

ROSE.

Vous paroissez plus gaie.

ANGÉLIQUE.

Ah! j'ai sujet de l'être,
Morinval à ma main va renoncer peut-être.

ROSE.

Se peut-il?... Il sait donc que vous ne l'aimez point?

ANGÉLIQUE.

Il devroit le savoir. J'ai vu que sur ce point
Il venoit pour sonder le fond de ma pensée :
Il a dû me trouver contrainte, embarrassée;
Et s'il est pénétrant, il se sera douté....

ROSE.

Que ne lui parliez-vous avec plus de clarté ?

ANGÉLIQUE.

Je crois en avoir dit assez pour faire entendre
Qu'à mon cœur vainement il espéroit prétendre.
Rose, je me souviens d'avoir dit quelques mots
Assez clairs....

ROSE.

S'il pouvoit nous laisser en repos,

Mademoiselle ! alors, toutes deux, ce me semble,
Nous serions, sans mari, bien tranquilles ensemble.

ANGÉLIQUE.

Ah! ma chère, il n'est point de bonheur ici-bas.

ROSE.

Pourquoi, Mademoiselle?

ANGÉLIQUE.

Eh mais... on ne voit pas

Monsieur Belfort, où donc est-il?

ROSE.

Il se promène

Depuis une heure, seul, autour de la garenne.
Il est pensif, rêveur : il a quelques chagrins,
Ou je me trompe fort.

ANGÉLIQUE.

Est-il vrai ?

ROSE.

Je le crains.

Il soupire.

ANGÉLIQUE.

Il soupire ?... Entre nous, chère Rose...,

De ses secrets ennuis t'a-t-il dit quelque chose?

ROSE.

Jamais. Il est discret.

ANGÉLIQUE.

Mais il a tort, je crois,

De demeurer ainsi tout seul au fond des bois.
Mon père, moi, surtout madame de Roselle,
Nous le dissiperions.

ROSE.

Eh oui, Mademoiselle.

Si j'allois le chercher, moi-même ?

ANGÉLIQUE.

Hé bien , vas-y.
Qu'il se rende au château, Rose, et non pas ici.

ROSE.

Oh! non.

ANGÉLIQUE.

Ne lui dis point que c'est moi qui t'envoie.
(*Rose sort.*)

SCÈNE II.

ANGÉLIQUE (*seule.*)

Des peines qu'il ressent que faut-il que je croie ?
J'ai les miennes aussi, qui me font bien souffrir.
Ce dernier entretien vient sans cesse s'offrir....
Mais chassons une idée... hélas! trop dangereuse ,
Qui ne peut que me rendre à jamais malheureuse.

SCÈNE III.

M. DE PLINVILLE, ANGÉLIQUE.

M. DE PLINVILLE.

En ce lieu solitaire Angélique rêvoit.
Gageons que Morinval en étoit le sujet.

ANGÉLIQUE.

Non, mon père.

M. DE PLINVILLE.

Ma fille avec moi dissimule ?
Ah ! cela n'est pas bien. A quoi bon ce scrupule ?
Pour cacher ton amour, tes soins sont superflus.
Je le sais... Tu rougis ! allons, n'en parlons plus.
Picard, dit-on, me cherche, afin de me remettre
Le paquet... et j'attends surtout certaine lettre...

(*Il voit Picard.*)

Ah ! bon.

(*Il appelle.*)
Picard !

SCÈNE IV.

M. DE PLINVILLE, PICARD (*tout essoufflé*), ANGÉLIQUE.

PICARD.

Picard ! vous me faites courir !...

M. DE PLINVILLE.

Pardon.

PICARD.

C'est un valet : il est fait pour souffrir.

M. DE PLINVILLE.

Donne, mon cher Picard, et retourne à ton poste.
(*En prenant les lettres des mains de Picard.*)
La belle invention, que celle de la Poste !

PICARD.

Parlons-en !

M. DE PLINVILLE.

Chaque jour, j'écris à mes amis :
Chaque jour, un courrier part et vole à Paris ;
Et, pour me rapporter bientôt de leurs nouvelles,
Il repart à l'instant, et semble avoir des ailes.

PICARD.

Fort bien ! vous allez voir que ce sont des oiseaux !
Ils se crèvent pour vous, ainsi que leurs chevaux.
Des ailes ! oui !

M. DE PLINVILLE (*lit.*)
Que vois-je ? ah ! Dieu ! quelles nouvelles !
Est-il bien vrai ?

ANGÉLIQUE.

Mon père, eh ! mais quelles sont-elles ?

PICARD.
Quoi, Monsieur ?

M. DE PLINVILLE.
Tous nos fonds de Paris sont perdus.

ANGÉLIQUE.
Ah ! Ciel !

M. DE PLINVILLE.
Dorval au jeu perd deux cent mille écus.
C'est trois cent mille francs que ce jeu-là nous coûte ;
Car le pauvre Dorval manque et fait banqueroute.

PICARD.
Banqueroute, Monsieur ? ah ! le maudit fripon !

M. DE PLINVILLE.
Il n'est que malheureux.

PICARD.
Eh ! vous êtes trop bon.

Il vous vole ; je dis que c'est un tour infâme.
   (*En s'en allant.*)
Banqueroute ! ah ! bon Dieu ! que va dire Madame !

SCÈNE V.

M. DE PLINVILLE, ANGÉLIQUE.

ANGÉLIQUE (*à part.*)

Je te rends grace, ô Ciel ! de ce revers fatal :
Je n'épouserai point monsieur de Morinval.

M. DE PLINVILLE.

On est tout étourdi d'une pareille perte.
Pourtant, une ressource encore m'est offerte ;
Et si j'étois tout seul , je me consolerois.
Ma terre, Dieu merci, me reste, et j'en vivrois.
Mais, ma fille !... à quel sort je te vois condamnée !

ANGÉLIQUE.

En quoi donc, plus que vous, serois-je infortunée ?

M. DE PLINVILLE.

Hélas ! la pauvre enfant, près de se marier !...

ANGÉLIQUE.

Ah ! croyez que, bien loin de me contrarier...,

M. DE PLINVILLE.

Il est tout naturel , lorsque l'on est jolie,
Jeune , de souhaiter de se voir établie.
Et toi, dans l'âge heureux des plaisirs, des amours,
Tu vas donc près de nous user tes plus beaux jours.
Ma fille , je te plains.

ANGÉLIQUE (*vivement.*)

Gardez-vous de me plaindre.
C'étoit l'hymen pour moi, l'hymen qu'il falloit craindre...
Non, vous ne savez pas à quel point je souffrois...
En m'éloignant de vous; j'étouffois mes regrets;
Dans un profond chagrin, alors, j'étois plongée.
Au contraire, à présent, je me vois soulagée,
En songeant que de vous rien ne peut m'arracher.

(*Tendrement, et en le caressant.*)

Mon père! à vos côtés je prétends m'attacher.
Je veux vous prodiguer mes soins et mes services;
J'en ferai mon bonheur, j'en ferai mes délices.
Que me manquera-t-il? vous m'aimez : près de vous,
Ah! pourrois-je jamais regretter un époux!

M. DE PLINVILLE.

Chère enfant! que ces mots ont flatté mon oreille!
Je n'éprouvai jamais une douceur pareille.
Ainsi donc, comme un baume en notre affliction,
Le Ciel nous envoya la consolation.
Par elle, on souffre moins...On souffre moins! que dis-je?
Il faut plaindre celui qui jamais ne s'afflige,
Et que les coups du sort n'avoient point accablé :
Il n'a pas le bonheur de se voir consolé.
Pour moi, toujours content, sans chagrins, sans alarmes,
Je n'avois point encore versé de douces larmes.
Personne, jusqu'ici, ne m'avoit plaint, hélas!
Je me croyois heureux, et je ne l'étois pas.
Mais, dis, est-il bien vrai? faut-il que je te croie?
N'as-tu point de regrets?

ANGÉLIQUE.

Non, ma plus douce joie

Est d'adoucir vos maux, et de les partager.

M. DE PLINVILLE.

Mes maux, s'il est ainsi, n'ont rien que de léger.
Nous serons pauvres, soit : nous verrons moins de monde.
Ma femme dit qu'ici le voisinage abonde.
On sera plus discret : mais nous nous suffirons,
Et ce sera pour nous, enfin, que nous vivrons.

ANGÉLIQUE.

Vous savez que toujours j'aimai la solitude.

M. DE PLINVILLE.

Je le sais ; et de plus, tu te plais à l'étude.
On ne peut s'ennuyer avec ces deux goûts-là.
Tiens, vois-tu ? je me fais une fête déjà
De vivre seul avec ma petite famille,
Entre ma chère femme et mon aimable fille.
J'aurai moins de laquais, et j'en serai ravi :
Par un seul domestique on est bien mieux servi.
Nous vivrons gais, contens : que faut-il davantage ?
Nous nous aimerons bien ; nous aurons en partage
Les vrais trésors, la paix, le travail, la santé,
Et... le premier des biens, la médiocrité.

ANGÉLIQUE.

Je sens bien ce bonheur : vous savez mieux le peindre.

SCÈNE VI.

M. et Mme. DE PLINVILLE, ANGÉLIQUE.

M. DE PLINVILLE (*court à sa femme.*)

Ma chère amie, au lieu de gémir, de me plaindre,
J'arrange un plan !...

Mme. DE PLINVILLE.

Hé bien, je vous l'avois prédit !
Vous vous en souvenez, je vous ai toujours dit :
« Monsieur, encore un coup, cette somme est trop forte
» Pour l'exposer ainsi ; de grâce...». Mais n'importe !
Il a voulu courir les risques...

M. DE PLINVILLE.

J'en convien ;
Mais quoi, le mal est fait.

Mme. DE PLINVILLE.

Eh ! oui, je le sais bien ;
Aussi, je viens déjà d'y trouver un remède ;
Car il faut toujours, moi, que je vienne à votre aide.

M. DE PLINVILLE.

Quoi ?

Mme. DE PLINVILLE.

Je suis décidée à quitter ce pays.

M. DE PLINVILLE.

Comment ?

Mme. DE PLINVILLE.

Dans quatre jours, nous partons pour Paris ;

Et vous aurez, je crois, la bonté de nous suivre.

M. DE PLINVILLE.

Expliquez-vous.

Mme. DE PLINVILLE.

           Ici je ne prétends plus vivre.
Si vous ne craignez point, vous, d'être humilié,
J'aurois trop à rougir aux lieux où j'ai brillé.

M. DE PLINVILLE.

Mais, pour vivre à Paris, ma fortune est trop mince :
Au lieu que nous serions à notre aise en province.

Mme. DE PLINVILLE.

Bon! l'on fait à Paris la dépense qu'on veut :
Il faudroit faire ici beaucoup plus qu'on ne peut.
J'ai pesé tout cela : nous vendrons notre terre.
Je vais à ce sujet écrire à mon Notaire.

M. DE PLINVILLE.

Mais, quelle promptitude !

Mme. DE PLINVILLE.

           Il faut saisir l'instant ;
C'est le jour du courrier, l'heure presse ; on m'attend :
Venez me retrouver, et vous verrez ma lettre.

M. DE PLINVILLE.

Je crois que tout cela peut fort bien se remettre.
Nous en reparlerons.

(Madame de Plinville sort.)

SCÈNE VII.

M. DE PLINVILLE, ANGÉLIQUE.

ANGÉLIQUE.

Eh quoi ! si promptement
Vous pourriez consentir à cet arrangement ?

M. DE PLINVILLE.

Consentir ? point du tout. L'affaire n'est pas faite.
Je tiens à mon projet : oui, je te le répète.
Mais, de ma part, vois-tu, trop d'obstination,
N'auroit fait qu'affermir sa résolution.
Je la connois. Au lieu, qu'à soi-même laissée,
Ma femme, dès demain, peut changer de pensée.
Je dispute toujours le plus tard que je puis.

SCÈNE VIII.

M. DE MORINVAL, M. DE PLINVILLE, ANGÉLIQUE.

M. DE MORINVAL (*de loin à part, sans les voir.*)

Où donc le rencontrer ? partout je le poursuis.
Mais je le vois... Allons, dégageons ma parole.
(*Haut.*)
Nous nous flattions tous deux d'un espoir trop frivole,
Cher Plinville. A regret, je viens vous déclarer...
Je ne puis plus long-temps vous laisser ignorer...

M. DE PLINVILLE.

Mon ami, je sais tout. Dorval fait banqueroute :
Je perds cent mille écus.

M. DE MORINVAL.

Cent mille écus?

M. DE PLINVILLE.

Sans doute.

M. DE MORINVAL.

(*A part.*)

Je l'ignorois.   O Ciel ! je venois renoncer
A sa fille : de moi qu'auroit-on pu penser ?

M. DE PLINVILLE.

Je sens bien qu'entre nous il n'est plus d'hyménée.

M. DE MORINVAL.

Au contraire.

M. DE PLINVILLE.

Ma fille est toute résignée.
Quant à moi, je ne suis malheureux qu'à demi;
Car si je perds un gendre, il me reste un ami.

M. DE MORINVAL.

Eh mais, je n'entends point ce que vous voulez dire.
Comment, vous avez cru que j'irois me dédire,
A cause du revers qui vous est survenu ?
Mon ami, je croyois vous être mieux connu.
Trop heureux d'être époux de votre aimable fille !

ANGÉLIQUE (*à part.*)

Dieu !

M. DE PLINVILLE.

Vous voulez encore être de la famille ?

M. DE MORINVAL.

M. DE MORINVAL.

Plût au Ciel !

M. DE PLINVILLE.

A ce trait me serois-je attendu ?
Mais nous venons de perdre...

M. DE MORINVAL.

Elle n'a rien perdu ;
Et moi, lorsque je songe aux vertus qu'elle apporte,
Je trouve que sa dot est encore assez forte.

M. DE PLINVILLE.

(*Émerveillé.*)
Hé bien, ma fille !... Mais qu'as-tu donc ?

ANGÉLIQUE.

Je n'ai rien.

M. DE MORINVAL.

Cependant...

ANGÉLIQUE.

En effet... je ne me sens pas bien.
Vous permettez ?

(*Elle sort.*)

SCÈNE IX.

M. DE MORINVAL, M. DE PLINVILLE.

M. DE PLINVILLE.

Ce trait vient d'exciter en elle
Une émotion vive et toute naturelle :

C'est que ma fille sent un noble procédé !

M. DE MORINVAL.

Vous croyez ?...

M. DE PLINVILLE.

Je le crois ? j'en suis persuadé.

M. DE MORINVAL (*tristement.*)

Ah ! cher Plinville !...

M. DE PLINVILLE.

Allons ! nouvelle inquiétude !
Angélique a besoin d'un peu de solitude ;
Voilà tout.

M. DE MORINVAL.

Pardonnez : j'en ai besoin aussi.

M. DE PLINVILLE.

Et vous allez encor nourrir votre souci !

M. DE MORINVAL.

J'en ai sujet.

(*Il sort.*)

SCÈNE X.

M. DE PLINVILLE (*seul.*)

Toujours s'affliger, toujours craindre !
Je le plains... hai, je puis avoir tort de le plaindre.
Il aime le chagrin ; et peut-être, ma foi,
Est-il, à sa manière, heureux autant que moi.

SCÈNE XI.

M. DE PLINVILLE, M. BELFORT.

M. DE PLINVILLE.

Apprenez, cher Belfort, un trait charmant, sublime,
Qui va pour Morinval augmenter votre estime.
Vous savez mon malheur...

M. BELFORT.

               J'en suis bien affligé,
Et je venois ici...

M. DE PLINVILLE.

         Je vous suis obligé.
Morinval, à l'instant, vient aussi de l'apprendre.
Mais croiriez-vous qu'il veut toujours être mon gendre ?

M. BELFORT.

Quoi ! se peut-il ?...

M. DE PLINVILLE.

           Voyez quel bonheur est le mien !
Pour moi, d'un petit mal il résulte un grand bien.
Mais, adieu ; car je vais conter tout à ma femme.

                    (Il sort.)

SCÈNE XII.

M. BELFORT *(seul.)*

D'un mot, sans le savoir, il déchire mon ame.
Allons, il faut partir : voilà l'instant fatal.
Ne soyons pas témoin du bonheur d'un rival...

Du bonheur? Mais est-il bien sûr qu'il ait su plaire?
J'ai quelquefois osé soupçonner le contraire.
Ce matin... je ne sais si je me suis trompé ;
Mais un mot, un regard, un soupir échappé...
Gardons-nous de saisir ces vaines apparences :
Je dois partir encor, si j'ai des espérances.
Je ne la verrai point. Qu'elle ignore à jamais
Ce que j'étois, surtout à quel point je l'aimais.
Je vais poursuivre ailleurs ma pénible carrière,
Seul, triste, abandonné de la nature entière,
Sans secours, n'emportant avec moi qu'un seul bien,
C'est un cœur, qui du moins ne me reproche rien :
Oui, je pars.

SCÈNE XIII.

M. BELFORT, ROSE.

ROSE.

Vous partez?

M. BELFORT.

           Pourquoi donc me surprendre?

ROSE.

J'accourois vous chercher. Mais que viens-je d'entendre?
Monsieur, est-il bien vrai?

M. BELFORT.

           Oui, Rose, je m'en vais.

ROSE.

Quoi! vous vous en allez? pour toujours?

M. BELFORT.

             Pour jamais.

ROSE.

Ah! bon Dieu! mais pourquoi?

M. BELFORT.

         Pardon, ma chère Rose :
Je pars, et je ne puis vous en dire la cause.

ROSE.

Vous auroit-on ici donné quelques chagrins?

M. BELFORT.

Non, aucun : de personne ici je ne me plains.

ROSE.

Pauvre Angélique! hélas! que je vais la surprendre!
A cet événement elle est loin de s'attendre.
Voyez! tous les malheurs lui viennent à la fois.

M. BELFORT.

Mais... mon départ n'est pas un grand malheur, je crois.

ROSE.

Je sais ce que je dis. Je connois ma maîtresse,
Et je vois bien à vous comme elle s'intéresse.
Puis, j'en juge par moi : d'ailleurs, il est si tard!
Encor vous êtes seul : ah! mon Dieu! quel départ!

M. BELFORT.

Ce tendre adieu me touche.

ROSE.

         Et vous partez?

SCÈNE XIV.

Les mêmes, Mme. DE ROSELLE.

ROSE.

Madame...
Vous me voyez chagrine, et jusqu'au fond de l'ame.
Monsieur Belfort s'en va, mais s'en va tout-à-fait.

Mme. DE ROSELLE (*à M. Belfort.*)

Et quel sujet, de grâce?...

ROSE.

Il n'a point de sujet.

Mme. DE ROSELLE.

Allez, Rose.

ROSE (*à M. Belfort.*)

Je puis dire à Mademoiselle,
Qu'avant votre départ, vous prendrez congé d'elle?

M. BELFORT.

Ne le lui dites pas.

ROSE.

Non? vous avez bien tort.
Adieu donc, pour jamais, adieu, monsieur Belfort.

M. BELFORT.

Adieu de tout mon cœur, adieu, ma chère Rose.

ROSE.

Écrivez-nous du moins; c'est bien la moindre chose.

M. BELFORT.

Oui, Rose ; de mon sort je vous informerai.

ROSE (*part, se retourne et crie en pleurant.*)

Marquez-moi votre adresse , et je vous répondrai.

SCÈNE XV.

M. BELFORT, Mme. DE ROSELLE.

Mme. DE ROSELLE.

Quoi ! vous partez, Monsieur ? quelle raison soudaine ?...

M. BELFORT.

J'en ai mille , qu'ici vous devinez sans peine.

Mme. DE ROSELLE.

Oui , malgré l'amitié que je puis vous porter ,
Je sens que plus long-temps vous ne pouvez rester.

M. BELFORT.

Recevez mes adieux, et croyez que l'absence
Ne fera qu'ajouter à ma reconnoissance.

Mme. DE ROSELLE.

Vous ne m'en devez point. Hélas ! j'aurois voulu
Faire bien plus pour vous : j'ai fait ce que j'ai pu.
Je n'oublirai jamais votre rare conduite ,
Votre discrétion, et surtout cette suite.
Je compte aussi, Monsieur, sur votre souvenir.

M. BELFORT.

Croyez , Madame...

Mme. DE ROSELLE.

Ah ! ça, qu'allez-vous devenir ?

M. BELFORT.

Vers mon père, à Paris, je vais d'abord me rendre.

Mme. DE ROSELLE.

C'est le meilleur parti que vous ayiez à prendre.
Dites lui bien... Mais quoi ! je vois près de ces lieux
Quelqu'un rôder d'un air assez mystérieux.

SCÈNE XVI.

UN POSTILLON (*en veste bleue, avec la plaque
d'argent,*) M. BELFORT, Mme. DE ROSELLE.

Mme. DE ROSELLE.

Hé bien, qu'est-ce ?

LE POSTILLON.

Excusez mon embarras extrême.
De ma commission je suis surpris moi-même.
Car, ordinairement, je ne vais guère à pié ;
Mais je suis complaisant..., quand je suis bien payé.

M. BELFORT.

Çà, que demandez-vous ?

LE POSTILLON.

Pardon... mais, pour bien faire,
Il faudroit, à la fois, et parler et se taire.
A ma place, un nigaud vous avoûroit d'abord
Qu'il demande un Monsieur..., qui se nomme Belfort...

M. BELFORT.

Mais c'est moi.

LE POSTILLON.

Dans les yeux nous savons un peu lire.

Mme. DE ROSELLE.

A la bonne heure ; mais qu'avez-vous à lui dire ?

LE POSTILLON.

Oh, rien du tout, Madame ; et je n'ai dans ceci
Qu'à remettre à Monsieur le billet que voici.
>   (*Il donne un billet à M. Belfort.*)

M. BELFORT.

De quelle part ?

LE POSTILLON.

>   Monsieur le verra dans la lettre.

M. BELFORT.

Ah!... Madame, pardon, vous voulez bien permettre?

Mme. DE ROSELLE.

Monsieur, je vous en prie.
>   (*Au Postillon, pendant que M. Belfort décachète*
>   *et ouvre le billet.*)
>   Eh! mais, vraiment, l'ami,
Vous ne paroissez gai ni plaisant à demi.

LE POSTILLON.

J'ai couru le pays, et j'ai vu bien du monde :
Cela fait que je sais comme il faut qu'on réponde.

M. BELFORT.

Ah ! Madame !...

Mme. DE ROSELLE.

>   D'où vient ce mouvement soudain ?

M. BELFORT.

C'est de mon père.

Mme. DE ROSELLE.

>   Bon !

M. BELFORT.

>   Je reconnois sa main.

LE POSTILLON.

Dès le premier abord, j'ai su vous reconnaître.

M. BELFORT.

C'est lui : de mes transports je ne suis point le maître.
Voici ce qu'il m'écrit :

(*Il lit haut.*)

« Viens, accours promptement,
» Mon ami : tu suivras celui que je t'envoie... »

LE POSTILLON.

Oui, Monsieur.

M. BELFORT (*continue de lire.*)

« Je t'écris avec bien de la joie,
» Et je ne doute point de ton empressement. »

(*Au Postillon.*)

Oh, non ! Est-il bien loin ?

LE POSTILLON.

A la poste voisine.

M. BELFORT.

Bien portant ?

LE POSTILLON.

A merveille. Il a fort bonne mine,
Une gaîté charmante.

M. BELFORT.

Il paroît donc heureux ?

LE POSTILLON.

Mais il en a bien l'air. C'est qu'il est généreux !...
Comme un Roi. Nous ferions des fortunes rapides,
Si les courriers payoient sur ce pied-là les guides.

Mme. DE ROSELLE.

Vous êtes postillon ?

LE POSTILLON.

Madame, à vous servir ;
Et chacun vous dira que je mène à ravir.

Mme. DE ROSELLE.

(à M. Belfort.)

Eh bien, menez Monsieur. Partez donc tout de suite.

M. BELFORT.

Oui, Madame.

Mme. DE ROSELLE.

Avec lui revenez au plus vîte.
Qu'il vienne ce soir même, et qu'il vienne en ce lieu.

M. BELFORT.

Croyez qu'il y viendra, Madame.

Mme. DE ROSELLE.

Sans adieu.

LE POSTILLON.

Allons, mon Officier, venez voir votre père.
Je n'ai pas mal rempli mon message, j'espère.
N'auroit-on à porter qu'une lettre, un billet ;
Il faut, autant qu'on peut, faire bien ce qu'on fait.

FIN DU QUATRIÈME ACTE.

ACTE V.

SCÈNE PREMIÈRE.

M. DE PLINVILLE (*seul.*)

J'ai donc dit à mes gens qu'il falloit se résoudre
A me quitter : pour eux, hélas! quel coup de foudre!
Leur désolation m'afflige, en vérité...
Mais il est doux pourtant d'être ainsi regretté.
Si je m'étois défait du Jardinier, de Rose,
Et du bon vieux Picard, c'étoit bien autre chose!
Pour Belfort, près de moi, je le garde à jamais :
C'est un ami plutôt qu'un Secrétaire... Eh mais,
Que veut Picard ? il reste, il vient me rendre grace.

SCÈNE II.

M. DE PLINVILLE, PICARD.

M. DE PLINVILLE.

Hé bien, es-tu content ? tu conserves ta place.

PICARD.

Point du tout, car je viens demander mon congé.

M. DE PLINVILLE.

Mais c'est toi que je veux garder.

PICARD.

Bien obligé :

Mais, moi, je veux sortir, voilà la différence.

M. DE PLINVILLE.

Pourquoi?

PICARD.

Parce qu'il est plus naturel, je pense,
Que je m'en aille, moi. Vous voulez renvoyer
Du monde; c'est à moi de partir le premier,
Car je suis le plus vieux.

M. DE PLINVILLE.

Tu m'es trop nécessaire:
Je suis accoutumé...

PICARD.

Je n'y saurois que faire.
Et d'ailleurs, je suis las de servir : en deux mots,
Je vais me reposer.

M. DE PLINVILLE.

Eh mais, c'est un repos,
Une retraite enfin que ton service.

PICARD.

Peste!
Une belle retraite! et c'est moi seul qui reste!

M. DE PLINVILLE.

Tout est changé, Picard. Nous allons à Paris.

PICARD.

Raison de plus, Monsieur. Je reste en mon pays.
Enfin, je vous l'ai dit, je veux être mon maître.

M. DE PLINVILLE.

Quoi! tu veux me quitter, après m'avoir vu naître,

Toi qui devois et vivre et mourir avec moi?

PICARD.

Il vaut encore mieux vivre et mourir chez soi.

M. DE PLINVILLE.

Je t'aimois, je croyois que tu m'aimois de même.

PICARD.

Cela n'empêche pas, Monsieur, qu'on ne vous aime.
Mais, après cinquante ans, on est bien aise, enfin,
De vivre un peu tranquille : il faut faire une fin.

M. DE PLINVILLE.

Il a raison ; et c'est peut-être une injustice
D'exiger qu'il me fasse un si grand sacrifice.
Pourquoi vouloir ailleurs l'empêcher d'être heureux ?
Il faut aimer les gens, non pour soi, mais pour eux.
Il va se réunir à son petit ménage,
A sa femme, à ses fils : il est temps, à son âge ;
Et quand j'aurai besoin de lui, je me dirai,
Il vit content : alors je me consolerai.
Mais tu pleures, je crois?

PICARD.

                Je ne puis m'en défendre.
Moi, vous quitter, après ce que je viens d'entendre ?
J'en serois bien fâché. Je reviens sur mes pas,
Monsieur ; si vous voulez, je ne partirai pas.

M. DE PLINVILLE.

Depuis assez long-temps, mon ami, tu travailles :
Non, non, décidément, je veux que tu t'en ailles.

PICARD.

Voyez donc ! il me chasse au bout de cinquante ans !
Je ne veux plus sortir.

M. DE PLINVILLE.

Ne sors pas, j'y consens.
Mais pourquoi te fâcher ainsi depuis une heure ?

PICARD.

J'ai tort. Encore un coup, je veux rester.

M. DE PLINVILLE.

Demeure.

PICARD.

Pardonnez. Je suis brusque et de mauvaise humeur :
Mais dans le fond, Monsieur, croyez que j'ai bon cœur.

M. DE PLINVILLE.

Tu viens de m'en donner une preuve certaine.
Il est vrai qu'un moment tu m'as fait de la peine ;
Mais tu m'as fait encore plus de plaisir.

(*En le serrant dans ses bras.*)

Allons,
Mon vieux ami, jamais nous ne nous quitterons.
Me le promets-tu bien ?

PICARD.

Est-ce encore un reproche ?

M. DE PLINVILLE.

Non, mon cher. Laisse-moi, car Morinval s'approche.

(*Picard sort.*)

(*Il regarde Morinval, qui s'avance, sans le voir.*)

Ma fille a déclaré qu'elle ne l'aimoit pas :
Il est au désespoir : il soupire tout bas.
Je veux le consoler.

SCÈNE III.

M. DE PLINVILLE, M. DE MORINVAL.

M. DE PLINVILLE.

     Sortez donc, je vous prie,
Mon cher, de cette sombre et morne rêverie.
Votre malheur, au fond, se réduit à ce point :
C'est que l'on vous a dit qu'on ne vous aimoit point.
Je sens qu'un pareil coup d'abord est un peu rude :
Mais vous voilà guéri de votre incertitude.

M. DE MORINVAL.

Le beau remède !

M. DE PLINVILLE.

     Enfin, il vaut mieux, Morinval,
Être, d'avance, instruit de ce secret fatal.
Angélique, d'ailleurs, n'est pas la seule au monde :
Il se peut qu'à vos soins un autre objet réponde.

M. DE MORINVAL.

Je n'en chercherai point : j'en ferai bien le vœu.

M. DE PLINVILLE.

Tenez, s'il faut qu'ici je vous fasse un aveu,
J'approuve ce dessein. Dans un champêtre asile,
Vous menez une vie assez douce et tranquille ;
Surtout, vous êtes libre ; oui, peut-être, en effet,
Le veuvage, après tout, est-il mieux votre fait.

M. DE MORINVAL.

Vos consolations m'irriteroient, je pense,
Si je n'avois déjà pris mon parti d'avance.

             Mais

Mais je l'ai pris. Ceci ne m'a point étonné.
Je déplais ; dès long-temps je l'avois soupçonné :
Je suis heureux ici, comme dans tout le reste.
Aussi ce n'étoit point cela, je vous proteste,
Qui me faisoit rêver : je voudrois aujourd'hui,
Ne pouvant rien pour moi, travailler pour autrui.

M. DE PLINVILLE.

Comment ?

M. DE MORINVAL.

Oui, vous serez de mon avis, j'espère.
Je viens de découvrir un important mystère.

M. DE PLINVILLE.

Ah ! voyons.

M. DE MORINVAL.

Angélique est rebelle à mes vœux ;
Mais vous ne savez pas qu'un autre est plus heureux.

M. DE PLINVILLE.

Bon ! un autre ?

M. DE MORINVAL.
Oui, vraiment.

M. DE PLINVILLE.
Et quel est donc cet autre ?

M. DE MORINVAL.

C'est Belfort.

M. DE PLINVILLE.
Belfort ?

M. DE MORINVAL.
Oui.

M. DE PLINVILLE.
Quelle erreur est la vôtre !

Mais vous n'y pensez pas.

M. DE MORINVAL.

          Vous pouvez, à présent,
Rire, vous récrier, trouver cela plaisant :
Il n'en est pas moins vrai que votre fille l'aime,
J'en suis sûr.

M. DE PLINVILLE.

      Quoi! vraiment?... ma surprise est extrême.

M. DE MORINVAL.

Ils s'aiment.... d'un amour sage, honnête, discret :
Il l'aime sans le dire, elle brûle en secret.
Cette honnêteté même est ce qui m'intéresse,
Et je veux, près de vous, protéger leur tendresse.
Écoutez : je suis riche, et plus que je ne veux.
Je suis veuf... pour toujours, sans enfans, sans neveux.
J'aime Belfort, je veux lui tenir lieu de père.
Il me paroît bien né, sensible, doux; j'espère
Qu'aidé de mon crédit, il fera son chemin,
Et d'Angélique, un jour, méritera la main.
Et moi, dès aujourd'hui, mon ami, je m'engage
A donner à Belfort ma terre en mariage.

M. DE PLINVILLE.

Laissez-moi respirer. Quel dessein généreux!
Eh quoi, mon cher ami, vous faites des heureux
Et vous doutez encor si vous-même vous l'êtes !...
Mais que de ces enfans les amours sont discrètes!
Moi, j'en estime encore une fois plus Belfort.
Angélique est aimable; il l'aime, il n'a pas tort;
Ni ma fille non plus, car il est fait pour plaire.

M. DE MORINVAL.

Votre nièce s'avance. Ayons soin de nous taire.

SCÈNE IV.

**Mme. DE ROSELLE, M. DE PLINVILLE,
M. DE MORINVAL.**

Mme. DE ROSELLE (*de loin, à part.*)

Il faut les écarter de notre rendez-vous.

(*Haut.*)

Encore ici, Messieurs? Eh mais, qu'y faites-vous?
Ma tante se plaint fort, et dit qu'on l'abandonne,
Qu'on se promène ; au fond, elle a raison.

M. DE PLINVILLE.

Pardonne.

Mme. DE ROSELLE.

Savez-vous qu'en effet, cela n'est pas galant ?

M. DE MORINVAL.

Monsieur me consoloit.

Mme. DE ROSELLE.

Mon oncle est consolant,
Je le sais; mais, de grâce, allez trouver ma tante.

M. DE PLINVILLE.

Oui, dès qu'elle me voit, elle paroît contente.
Adieu. Redites-moi vos résolutions ;

(*Bas, à Morinval, en s'en allant.*)

Car j'aime avec transport les belles actions.

SCÈNE V.

Mme. DE ROSELLE (seule.)

La place est libre, au moins pour quelque temps, j'espère,
Et Belfort, à présent, peut amener son père.
Ce jeune homme m'inspire une tendre amitié.
Cette pauvre cousine aussi me fait pitié.
Je voudrois les servir, et venir à leur aide.
Ne pourrai-je à leurs maux apporter de remède?

SCÈNE VI.

M. BELFORT, Mme. DE ROSELLE.

Mme. DE ROSELLE.

C'est vous, Monsieur! quoi! seul? pourquoi n'avez-vous pa
Amené votre père?

M. BELFORT.

      Il est à deux cents pas,
Au bois de Rochefort.

Mme. DE ROSELLE.

      Qui l'empêchoit, de grace,
De venir avec vous jusque dans cette place?

M. BELFORT.

En voici la raison : il diffère d'entrer,
Parce qu'il ne veut pas encor se déclarer.
D'abord je vous annonce une grande nouvelle:
La fortune pour lui cesse d'être cruelle.

Le jeu le ruina : par un nouveau retour,
Le jeu, plus que jamais, l'enrichit en ce jour.
Et moi, sentant qu'enfin mon sort n'est plus le même,
Que je puis, au contraire, enrichir ce que j'aime,
J'ai tout dit à mon père. Il approuve mon feu,
Et consacre à son fils tout le produit du jeu.

Mme. DE ROSELLE.

C'est le placer fort bien.

M. BELFORT.

                    Ce n'est pas tout encore.
On aime à se vanter de ce qui nous honore.
J'ai parlé des bontés que vous aviez pour moi ;
Et je vous ai nommée... « O ciel ! (dit-il) eh ! quoi ?
» Madame de Roselle ! elle doit m'être chère :
» Une tendre amitié m'unissoit à son père. »
Enfin il veut vous voir, il veut vous consulter.

Mme. DE ROSELLE.

Un tel empressement a droit de me flatter.

M. BELFORT.

Sur moi, dit-il, il a quelques desseins en tête.
Ainsi vous comprenez le sujet qui l'arrête :
Avant de voir personne, il voudroit vous parler.

Mme. DE ROSELLE.

Au bois de Rochefort hâtons-nous donc d'aller.

M. BELFORT.

Ah ! Ciel ! je vois venir l'adorable Angélique.
Permettez qu'avec elle une fois je m'explique.

Mme. DE ROSELLE.

Pas encor.

M. BELFORT.

Je voudrois savoir si, dans le fond,
On m'aime.

Mme. DE ROSELLE.

L'on vous aime, et je vous en répond.
Laissez-moi lui parler.

SCÈNE VII.

Les précédens, ROSE, ANGÉLIQUE.

ROSE (*de loin à Angélique.*)
Ah! Dieu! Mademoiselle!
Monsieur Belfort avec madame de Roselle.

ANGÉLIQUE.
Rose disoit, Monsieur, que vous étiez parti.

M. BELFORT.
Qui? moi, quitter ces lieux? jamais.... J'étois sorti...
Un moment.

Mme. DE ROSELLE.
Quelquefois un seul moment amène
Bien des choses.

M. BELFORT.
Sans doute; et j'ose croire à peine
Au changement...

Mme. DE ROSELLE (*à M. Belfort.*)
(*Bas.*)   (*Haut.*)
Paix donc. Qu'on me suive à l'instant.

ANGÉLIQUE.
On ne peut donc savoir?...

Mme. DE ROSELLE.
Pardon; l'on nous attend

Pour conclure une affaire... une affaire pressée ,
Dans laquelle vous-même êtes intéressée.
Sans adieu.

(*Elle sort avec M. Belfort.*)

SCÈNE VIII.

ROSE, ANGÉLIQUE.

ANGÉLIQUE.

Que dit-elle ? une affaire, où je suis
Intéressée !... Eh ! mais, à ceci je ne puis
Rien comprendre...

ROSE.

Ni moi. Monsieur Belfort m'étonne;
Car je l'ai vu partir.

ANGÉLIQUE.

Tiens, Rose, je soupçonne
Qu'il lui vient d'arriver un bonheur imprévu.

ROSE.

Vous croyez ? ah ! tant mieux.

ANGÉLIQUE.

Jamais je ne l'ai vu
Si joyeux ni si vif, surtout jamais si tendre.
Il ne m'a dit qu'un mot, qui sembloit faire entendre...
Que te dirai-je, enfin ? J'espère, en vérité...

ROSE.

Tout ceci pique aussi ma curiosité.
Voici Monsieur. Comment ! il est presque en colère.
Pour la première fois, qui peut donc lui déplaire ?

SCÈNE IX.

ROSE, ANGÉLIQUE, M. DE PLINVILLE.

ANGÉLIQUE.

Mon père, vous semblez fâché ?

M. DE PLINVILLE.

J'en fais l'aveu.
Oui, je sens qu'en ce monde, il faut souffrir un peu.
Morinval vient de faire une action nouvelle,
Aussi belle que l'autre, et peut-être plus belle...,
En faveur de quelqu'un qui ne te déplaît pas,
Ma fille,... et dont je fais moi-même un très-grand cas.
Mais, par malheur, ce plan ne plaît pas à ta mère.
Nous la pressons en vain : elle a du caractère.
De là quelques débats : moi, qui n'y suis point fait,
J'ai laissé Morinval défendre son projet,
Et je viens respirer.

ANGÉLIQUE.

Et ne pourrai-je apprendre ?...

M. DE PLINVILLE.

Pas encore. Avant peu, ma femme va se rendre ;
Car elle a de l'esprit. Puis, tour à tour, il faut
L'un à l'autre céder : moi, j'ai cédé tantôt.
A vendre cette terre elle étoit décidée :
J'ai, quoiqu'avec regret, adopté son idée.

ANGÉLIQUE.

Vous avez consenti ?

M. DE PLINVILLE.

Mon enfant, que veux-tu ?
Moi, je suis complaisant, c'est ma grande vertu.
Nous irons à Paris. Les champs, la Capitale,
Toute demeure, au fond, pour le sage est égale.

ANGÉLIQUE.

Par tout où vous serez, je serai bien aussi,
Mon père.

ROSE.

Cependant, nous étions bien ici.

M. DE PLINVILLE.

Mais, avec Morinval, je la vois qui s'avance.
S'ils pouvoient tous les deux être d'intelligence !
Nous serions tous contens.

SCÈNE X.

ROSE, ANGÉLIQUE, Mme. DE PLINVILLE,
M. DE MORINVAL, M. DE PLINVILLE.

M. DE MORINVAL.

De grâce, permettez,
Madame...

Mme. DE PLINVILLE.

C'est en vain que vous me tourmentez :
Ne me parlez jamais de Belfort.
(*A Angélique.*)
A merveille !
C'est vous qui m'attirez une scène pareille.

ANGÉLIQUE.

Je ne sais pas encor de quoi vous m'accusez.

Mme. DE PLINVILLE.

Vous souffrez près de vous des amans déguisés...

ANGÉLIQUE.

De ce déguisement j'ignore le mystère.
Seroit-il autre chose ici qu'un Secrétaire?

Mme. DE PLINVILLE.

Je vous dis qu'il vous aime.

ANGÉLIQUE.

Hé bien donc, je le crois.
S'il lui plaît de m'aimer, est-ce ma faute, à moi?

Mme. DE PLINVILLE.

Vous-même, vous l'aimez.

ANGÉLIQUE.

Qui vous dit que je l'aime?
A peine, en ce moment, si je le sais moi-même.

ROSE.

Et quand cela seroit, je l'aime bien aussi;
Ces Messieurs... tout le monde, en un mot, l'aime ici.

Mme. DE PLINVILLE.

Rose, vous tairez-vous? modérez votre zèle.

ROSE.

Mais, c'est que vous grondez toujours Mademoiselle.

M. DE PLINVILLE.

Ne grondons point, ma femme; entendons-nous: causons.
Pour refuser Belfort, quelles sont vos raisons?

Mme. DE PLINVILLE.

C'est un aventurier.

M. DE PLINVILLE.

Madame de Roselle
Connoît beaucoup son père.

Mme. DE PLINVILLE.

Eh! bien, tant mieux pour elle.

M. DE PLINVILLE.

Puis, il s'est fait connoître.

Mme. DE PLINVILLE.

Il est, d'ailleurs, sans bien.

M. DE MORINVAL.

Mais, encore une fois, je l'aiderai du mien.

Mme. DE PLINVILLE.

Mais, encore une fois, gardez donc ces largesses :
Nous n'avons pas besoin, Monsieur, de vos richesses.

M. DE MORINVAL (*à M. de Plinville.*)

Je n'ai plus rien à dire, et je sors. Vous voyez
S'il faut croire au bonheur que vous me promettiez !
Je ne puis d'Angélique être l'époux moi-même,
Et je ne puis l'unir avec celui qu'elle aime.
Rien ne me réussit; et, pour dire encor plus,
J'offre mon bien aux gens, et j'essuye un refus.

(*Il sort.*)

SCÈNE XI.

ROSE, ANGÉLIQUE, Mme. ET M. DE PLINVILLE.

M. DE PLINVILLE.

Il est vrai qu'un tel coup me seroit bien sensible.
Seroit-il malheureux? Cela n'est pas possible.
Non, il n'est d'homme à plaindre ici que le méchant.
Morinval d'un bon cœur a suivi le penchant:
Quoique son offre ait eu le malheur de déplaire,
C'est avoir fait le bien, qu'avoir voulu le faire.

ROSE (*qui s'étoit retirée au fond du théâtre,*
revient en courant).

Madame de Roselle...

Mme. DE PLINVILLE.

Hé bien?

ROSE.

Est à deux pas;
Elle amène un Monsieur, que je ne connois pas.

ANGÉLIQUE.

Un Monsieur?

M. DE PLINVILLE.

Quelque ami qui vient me voir...

SCÈNE XII.

Les mêmes, Mme. DE ROSELLE, M. DORMEUIL.

Mme. DE ROSELLE.

Ma tante,
Permettez que moi-même, ici je vous présente
Monsieur, un étranger qui désireroit voir
Votre terre...

Mme. DE PLINVILLE.

Au Château nous allons recevoir
Monsieur...

M. DORMEUIL.

Je suis fort bien. A la première vue,
Madame, tout me plaît ; une triple avenue,
Une entrée imposante, un superbe château,
Un parc immense ; enfin, tout est grand, tout est beau.
On sait bien que jamais un acheteur ne loue ;
Mais cette terre, à moi, me plaît, et je l'avoue.

M. DE PLINVILLE.

L'acquéreur même aussi me plairoit en tout point.

Mme. DE ROSELLE.

Oh! c'est un acquéreur... comme l'on n'en voit point.

Mme. DE PLINVILLE.

Monsieur s'annonce bien.

M. DORMEUIL.

Hai... que sait-on ? Peut-être
Gagnerai-je, Madame, à me faire connoître.

Mme. DE PLINVILLE.

J'aime à le croire.

M. DORMEUIL.

         Eh! mais, ces bois sont enchantés.
Les beaux arbres!

M. DE PLINVILLE.

         C'est moi qui les ai tous plantés.
Ces arbres dès long-temps me prêtoient leur ombrage.

M. DORMEUIL.

Ce n'est pas encor là votre plus bel ouvrage.
       (*En saluant Angélique.*)
De la terre, je vois le plus digne ornement.

M. DE PLINVILLE.

Tout le monde, en effet, nous en fait compliment.
Vous paroissez, Monsieur, un digne et galant homme.

M. DORMEUIL.

Au fait, vous estimez votre terre la somme?...

M. DE PLINVILLE.

       (*Il arrête et regarde sa femme.*)
Mais je crois qu'elle vaut... Combien (1)?

Mme. DE PLINVILLE.

         Cent mille écus.

M. DORMEUIL.

Je ne contesterai point du tout là-dessus.

---

(1) Ce mouvement, cette question, sont un impromptu infiniment heureux de Molé.

Je m'en rapporte à vous.

Mme. DE PLINVILLE.

Un procédé si rare

Me touche.

M. DORMEUIL.

Il est tout simple. En outre, je déclare
Que j'entends bien payer la terre argent comptant.

M. DE PLINVILLE.

A votre aise.

M. DORMEUIL.

Pardon, c'est un point important,
Qui me regarde seul. Oui, je me crains moi-même.
J'ai sur certain article une foiblesse extrême.
Tenez, il faut qu'ici je vous fasse un aveu.
Le prix de votre terre est un argent du jeu :
Par cet achat, du moins je sauve une partie
De six cent mille francs, que dans une partie...

Mme. DE ROSELLE.

Quoi! vous avez gagné deux fois cent mille écus?

M. DORMEUIL (*souriant.*)

On peut bien les gagner, quand on les a perdus.

Mme. DE PLINVILLE.

Quel est celui qui perd une somme si forte?

M. DE PLINVILLE.

Bon! le connoissons-nous? ainsi, que nous importe?
Voyons celui qui gagne, et non celui qui perd.

Mme. DE ROSELLE.

Eh! oui.

ANGÉLIQUE.

Le malheureux, sans doute, a bien souffert.

M. DORMEUIL.

Ma foi, c'est un joueur hardi, vif et tenace,
Un petit financier.

Mme. DE PLINVILLE.

Un financier ! De grace,
Vous le nommez ?

M. DORMEUIL.

Dorval.

Mme. DE PLINVILLE.

Je l'avois soupçonné ;
Monsieur, c'est notre bien que vous avez gagné.

M. DORMEUIL.

J'aimerois mieux avoir gagné celui d'un autre.
Mais il pourroit encor redevenir le vôtre :
Il ne tiendra qu'à vous.

M. DE PLINVILLE.

Comment ?

M. DORMEUIL.

Rien n'est plus clair.
Je n'ai qu'un fils, Madame, un fils qui m'est bien cher :
Unissez-le, de grâce, avec Mademoiselle.
L'argent sera pour vous, et la terre pour elle.

M. DE PLINVILLE.

Monsieur...

M. DORMEUIL.

Vous hésitez, et vous avez raison,
Ne me connoissant pas. Mais Dormeuil est mon nom.

Mon

Mon habit vous annonce un ancien militaire.

Mme. DE ROSELLE.

Oui, Monsieur étoit même un ami de mon père,
N'ayant qu'un seul défaut, et mille qualités.
Ce parti me paroît très-sortable.

(*Bas à Angélique.*)
Acceptez.

M. DE PLINVILLE.

Ma fille, tu pourrois rendre cela possible.

Mme. DE PLINVILLE.

(*A M. Dormeuil.*)

Je l'espère.   Je suis on ne peut plus sensible
A votre offre, Monsieur : je l'accepte.

M. DORMEUIL (*très-haut.*)
Mon fils,

Venez remercier Madame.

SCÈNE XIII.

Les mêmes, M. BELFORT.

M. BELFORT.
J'obéis.

Mme. DE PLINVILLE.

Ah! que vois-je?

Mme. DE ROSELLE.
Ceci trompe un peu votre attente.

Mme. DE PLINVILLE.

Comment! voici le fils de Monsieur?

Mme. DE ROSELLE.
Oui, ma tante.

M. DE PLINVILLE.

Je ne m'attendois pas à celui-ci, ma foi !
Voyez donc comme enfin tout s'arrange pour moi !

M. DORMEUIL (*à Madame de Plinville.*)

Madame voudroit-elle, à présent, se dédire ?

Mme. DE PLINVILLE.

Monsieur est votre fils : je n'ai plus rien à dire,
Car je rendis toujours justice à ses vertus.

M. BELFORT.

Ah ! de tant de bontés vous me voyez confus.
(*A Angélique.*)
Dormeuil vous aime autant que Belfort a pu faire ;
Et Belfort et Dormeuil...

ANGÉLIQUE.

                    Savent tous deux me plaire.

ROSE (*à M. Belfort.*)

Pour moi, je ne sais pas, Monsieur, si j'aurai tort ;
Mais je vous nommerai toujours monsieur Belfort.

M. DORMEUIL.

J'ai, depuis quelque temps, essuyé bien des peines.
Enfin la chance tourne : il est d'heureuses veines.

M. DE PLINVILLE.

Moi, je n'ai jamais eu que du bonheur ; hé bien,
Je suis, en ce moment, presque étonné du mien.

Mme. DE ROSELLE.

Gardez votre bonheur ; il vous sied à merveille.

M. DE PLINVILLE.

C'est qu'on ne vit jamais d'aventure pareille.

Est-ce un rêve? J'en fais assez souvent, dit-on ;
Mais ce n'en est pas un qu'ici je fais ; oh! non...

Mme. DE ROSELLE.

La raison ne vaut pas les songes que vous faites.
Puissions-nous être tous heureux comme vous l'êtes!

Mme. DE PLINVILLE.

Il ne sent pas qu'il l'est par hasard, cette fois.

M. DE PLINVILLE.

Qu'importe le hasard? pourvu que je le sois ?
En quelque sorte on peut faire sa destinée.... ;
Mais récapitulez avec moi ma journée.
On étoit convenu d'un voyage sur l'eau :
Si nous partions, le feu consumoit le château.
On reste ; on l'éteint. Bon. Belfort, mon secrétaire,
Plaît à ma fille, il est fils d'un vieux militaire.
Je perds cent mille écus : fort bien. Voilà d'abord
Que celui qui les gagne est père de Belfort.
Monsieur me fait une offre aussi noble que franche ,
Et, sans avoir joué, moi, je prends ma revanche.
Il propose son fils ; et, par un tour plaisant,
Ma femme le reçoit, tout en le refusant ;
Et ma fille, d'abord un peu contrariée,
Au gré de ses désirs se trouve mariée.
Je voudrois bien tenir notre ami Morinval :
Nous verrions s'il diroit encor que tout est mal !

Mme. DE ROSELLE.

S'il alloit, comme vous, devenir Optimiste?

M. DE PLINVILLE.

Je ne sais ; il est né mélancolique et triste ,

Et comme je l'ai dit, sa tristesse lui plaît.
Il faut bien l'excuser : mais, tout chagrin qu'il est,
Peut-être il va sentir que dans la vie humaine,
Le bonheur, tôt ou tard, fait oublier la peine.
Qu'il n'en est que plus doux, et que l'homme de bien,
L'homme sensible, alors, peut dire : *tout est bien*.

FIN.

VARIANTES

DE L'OPTIMISTE (1).

ACTE III.

SCÈNE IX.

Entre M. DE PLINVILLE et M. DE MORINVAL.

Après ces vers :

« Et l'ouvrier actif, le paysan robuste , »
Ont aussi leurs plaisirs et leurs jours de repos.

M. DE MORINVAL.

Fort bien : vous les voyez frais, gaillards et dispos.
Mais lorsque l'âge, ou bien quelque accident funeste
Viennent les assaillir?... et, sans parler du reste ,
Nous gémissons encor de cet hiver affreux
Qui fit tant d'indigens et tant de malheureux !
Il venoit à la suite, il acheva l'ouvrage
D'un été, trop fameux par un terrible orage.

(1) Ces vers furent ajoutés lors d'une représentation de l'*Optimiste*, qui fut donnée dans les premiers mois de 1789 , au bénéfice
des pauvres qui avoient tant souffert de cet hiver rigoureux ; et le
Public sentit vivement le témoignage rendu au zèle charitable des
Pasteurs.

On languissoit encore ; et l'on mourut enfin ;
On mourut, à la fois, et de froid et de faim.
Misère dans les champs, misère dans les villes ;
Les travaux suspendus, les moulins immobiles.
Cet hiver-là, Monsieur, c'étoit l'hiver dernier ;
Et le printemps n'a pu vous le faire oublier.

M. DE PLINVILLE.

Non. Mais oubliez-vous les bontés secourables
Qu'on prodiguoit, alors, aux pauvres misérables ?
Les Pasteurs redoubloient leurs soins consolateurs ;
Le Public, à l'envi, secondoit ses Pasteurs.
La charité, brûlant d'une flamme si pure,
Alloit dans tous les cœurs réveiller la nature.
Les Riches, à sa voix, répandent tout leur or ;
Et l'avare lui-même entr'ouvre son trésor...
C'étoit du superflu : mais l'humble mercenaire
Partage avec le pauvre un étroit nécessaire.
Tout plaisir supprimé, repas, jeux et concerts ;
Les Bals fermés partout, les Spectacles déserts.
Une fois seulement la foule y fut bien grande :
Mais c'est qu'alors, chacun y portoit son offrande,
Et que le pauvre seul en recueillant le fruit,
Du Spectacle, à la porte, attendoit le produit.
Les papiers l'annonçoient : ajoutez l'espérance,
Qui de l'hiver surtout adoucit la souffrance.
Il fut long, j'en conviens; on souffrit; mais enfin
Personne ne mourut ni de froid ni de faim ;
Et le ciel n'a permis cet excès de misères,
Que pour nous rappeler que nous sommes tous frères.

M. DE MORINVAL.

On l'oublîra bientôt.

M. DE PLINVILLE.

Non. Je ne le crois pas.

M. DE MORINVAL.

Il n'est donc point de maux, de vrais maux ici-bas?

M. DE PLINVILLE.

Très-peu.

M. DE MORINVAL.

Nos passions, etc.

FIN DES VARIANTES.

LES CHÂTEAUX EN ESPAGNE,

COMÉDIE EN CINQ ACTES, EN VERS,

REPRÉSENTÉE POUR LA PREMIÈRE FOIS

AU THÉÂTRE FRANÇAIS,

LE 20 FÉVRIER 1789.

Quel esprit ne bat pas la campagne ?
Qui ne fait châteaux en Espagne ?
Picrocole, Pyrrhus, la laitière, enfin tous,
Autant les sages que les fous,
Chacun songe en veillant ; il n'est rien de plus doux.
LA FONTAINE, *Fable de la Laitière et le Pot au Lait.*

PERSONNAGES.

M. D'ORFEUIL.

HENRIETTE, sa Fille.

M. DE FLORVILLE, son futur époux.

M. D'ORLANGE, l'homme aux châteaux.

VICTOR, son valet.

JUSTINE, femme-de-chambre d'Henriette.

FRANÇOIS, valet de M. d'Orfeuil.

Un Laquais.

La Scène est au château de M. d'Orfeuil.

LES CHÂTEAUX
EN ESPAGNE,
COMÉDIE EN CINQ ACTES.

La Scène représente, pendant la pièce, une salle du Château.

ACTE PREMIER.

SCÈNE PREMIÈRE.

Mlle. D'ORFEUIL, JUSTINE.

Mlle. D'ORFEUIL.

Mon père ne vient point !

JUSTINE.

Il ne tardera guères :
Il avoit à Moulins, je crois, beaucoup d'affaires.

Mlle. D'ORFEUIL.

Je crains...

JUSTINE.

Que craignez-vous ?

Mlle. D'ORFEUIL.

Je ne sais... Mais ces bois...
La nuit...

JUSTINE.

Bon ! bon ! Monsieur est suivi de François.

Mlle. D'ORFEUIL.

Et, dis-moi, que feroient deux hommes seuls sans armes ?
Mon père devroit bien m'épargner ces alarmes,
Revenir moins tard....

JUSTINE.

Oui, surtout lorsqu'on l'attend,
Pour nous tranquilliser sur un point important.
Tenez, Mademoiselle, en bonne conscience,
La peur sert de prétexte à votre impatience ;
Pourquoi Monsieur, est-il de la sorte attendu ?
C'est qu'au retour, il doit parler du prétendu ;
C'est qu'il doit apporter des lettres d'Abbeville,
Qui marqueront quel jour doit arriver Florville.

Mlle. D'ORFEUIL.

On diroit que vraiment je ne pense qu'à lui !

JUSTINE.

Mais... nous n'avons parlé d'autre chose aujourd'hui :
Sujet inépuisable ! et, depuis six semaines,
Encore neuf !

Mlle. D'ORFEUIL.

C'est toi qui toujours le ramènes.

JUSTINE.

Je le ramène, moi, pour vous faire plaisir :
Dès que j'en dis un mot, je vous vois le saisir....

Mlle. D'ORFEUIL.

Hé bien ! je te l'avoue, oui, ma chère Justine,
Il me tarde de voir celui qu'on me destine.

JUSTINE.

Rien n'est plus naturel. Moi-même, en vérité,
J'ai, sur ce point, beaucoup de curiosité.

Mlle. D'ORFEUIL.

Je me fais de Florville une image charmante.

JUSTINE.

J'ai peur qu'en le voyant, cela ne se démente.

Mlle. D'ORFEUIL.

Sans doute, il sera jeune et bien fait...

JUSTINE.

Oui, d'accord.

Mlle. D'ORFEUIL.

Noble dans son maintien.

JUSTINE.

Cela peut-être encor.

Mlle. D'ORFEUIL.

Tiens, Justine, déjà je le vois qui s'avance
D'un air respectueux, et pourtant plein d'aisance ;
Car il sait allier la grâce et la fierté,
Et ce qui frappe en lui surtout, c'est la bonté.
N'attends point un époux libre et trop sûr de plaire,
Qui se prévaut d'abord de l'aveu de mon père,
Et, sans me consulter, vient signer le contrat ;
Mais un amant soumis, discret et délicat,
Qui doute, dans mes yeux démêle si je l'aime,
Et me veut obtenir seulement de moi-même.

JUSTINE.

Sans doute il a beaucoup d'esprit ?

Mlle. D'ORFEUIL.

Assurément ;
Non pas de cet esprit agréable, brillant,

Qui s'exhale en bons mots, en légères bluettes,
Et fait, pour éblouir, des sots ou des coquettes;
Mais un esprit solide, aussi juste que fin,
Soutenu, délicat, et... de l'esprit enfin.
Aussi je le pourrois distinguer entre mille :
Sophie, en un clin d'œil, reconnut son Émile.

J U S T I N E.

Hé!... vous peignez d'après vos héros de romans.
Ces héros, j'en conviens, sont aimables, charmans;
Mais pas un n'exista, pas un n'est véritable.
Le vôtre n'est, je crois, ni vrai, ni vraisemblable.
Jamais on ne verra d'homme qui soit parfait,
Ni de femme non plus.

Mlle. D'ORFEUIL.

　　　　　Qu'est-ce que cela fait?
Laissez-moi l'espérance; elle me rend heureuse.

J U S T I N E.

Pour vous, pour votre époux elle est trop dangereuse.
Votre époux, sans cela, vous eût paru fort bien :
Vous l'attendez parfait; il ne paroîtra rien,
Moi, je monte moins haut, afin de moins descendre;
Et raisonnablement je crois pouvoir m'attendre
A voir, avec Florville, arriver un valet ;
Un valet qui sera jeune, leste, bien fait,
Qui m'aimera d'abord, et me plaira de même,
Qui ne tardera pas à me dire qu'il m'aime,
Et bientôt de ma bouche obtiendra même aveu.
Ce n'est demander trop, ni demander trop peu :
Mais vous, Mademoiselle, oh! c'est une autre affaire.

Mlle. D'ORFEUIL.

Tu verras, tu verras si c'est une chimère !

JUSTINE.

J'ignore ce qu'au fond sera votre futur :
Rabattez-en d'avance un peu , c'est le plus sûr.
Mais quoi ? j'entends du bruit ; c'est Monsieur.

Mlle. D'ORFEUIL.

Ah ! Justine!

JUSTINE.

Le cœur bat , n'est-ce pas ?

Mlle. D'ORFEUIL.

Un peu.

JUSTINE.

Bon ! J'imagine
Qu'il battra bien plus fort quand le futur viendra.

Mlle. D'ORFEUIL.

Mon père tarde bien à monter.

JUSTINE.

Le voilà.

SCÈNE II.

Mlle. D'ORFEUIL, M. D'ORFEUIL, JUSTINE.

M. D'ORFEUIL.

Me voici de retour! bon soir , ma chère fille.
Qu'il est doux de revoir son château , sa famille ,
Tout son monde ! Ma foi, je ne suis bien qu'ici.

Mlle. D'ORFEUIL.

Votre absence nous a paru bien longue aussi.

JUSTINE (*malicieusement.*)

Ah ! oui, si vous saviez ce que c'est que l'attente !
Nous soupirions !....

Mlle. D'ORFEUIL (*vivement.*)
Comment se porte donc ma tante ?

M. D'ORFEUIL.

Assez bien : elle m'a chargé de t'embrasser,
Ma fille; et c'est par-là que je veux commencer.
(*Il l'embrasse.*)
J'ai fort heureusement fini la grande affaire.
J'ai d'avance arrangé tout avec mon notaire :
Je te donne à présent la moitié de mon bien....

Mlle. D'ORFEUIL.

Épargnez-moi, de grâce, et changeons d'entretien.
Mon père.... avez-vous ?

M. D'ORFEUIL.
Quoi ?

Mlle. D'ORFEUIL.
Reçu quelques nouvelles?

M. D'ORFEUIL (*feignant de ne pas comprendre.*)
De nouvelles ? ah ! oui.

Mlle. D'ORFEUIL.
Vraiment ? Quelles sont-elles ?

M. D'ORFEUIL (*de même.*)
Le Grand-Seigneur...

Mlle. D'ORFEUIL.
C'est bien de cela qu'il s'agit !

M. D'ORFEUIL.
Un courrier de Berlin nous arrive, et l'on dit...

JUSTINE.

JUSTINE.

Il nous importe peu qu'il arrive, ou qu'il parte ;
Et nous ne connoissons qu'un pays sur la carte ,
C'est Abbeville.

M. D'ORFEUIL.

Ah ! ah ! j'en reçois aujourd'hui
Une lettre.

JUSTINE.

Allons donc !

Mlle. D'ORFEUIL.

Mon père... est-ce... de lui ?

M. D'ORFEUIL.

C'est l'oncle qui m'écrit. Je vais bien te surprendre :
Dès demain, en ces lieux, Florville peut se rendre.

Mlle. D'ORFEUIL.

Vous ne le disiez pas : vous êtes méchant.

M. D'ORFEUIL.

Bon !
Je n'ai pas tout dit. Sache un trait plaisant... Mais non ;
Il sera plus prudent de t'en faire un mystère.

Mlle. D'ORFEUIL.

Pourquoi ?

M. D'ORFEUIL.

C'est que jamais tu ne sauras te taire.

Mlle. D'ORFEUIL.

Que vous avez de moi mauvaise opinion !
Mon père, soyez sûr de ma discrétion.

M. D'ORFEUIL.

Eh ! mon Dieu ! nous savons ce que c'est qu'une fille :
Et Justine , d'ailleurs, qui babille, qui babille!..

Mlle. D'ORFEUIL (*à demi-voix.*)

Pour Justine, on pourroit l'éconduire, entre nous.

JUSTINE.

Oh! non, je suis aussi curieuse que vous ,
Et tout aussi prudente , au moins , je vous proteste :
Ainsi je prétends bien tout entendre , et je reste.

Mlle. D'ORFEUIL.

Mon père, en vérité , vous êtes bien discret.

M. D'ORFEUIL.

Si vous me promettiez de garder le secret !...

Mlle. D'ORFEUIL.

Ah! je vous le promets.

JUSTINE.

Je le promets de même.

M. D'ORFEUIL.

La chose est , voyez-vous , d'une importance extrême.
Tenez.

(*Il tire une lettre de sa poche , et lit.*)

« Mon vieux ami... »

(*Il s'interrompt.*)

Que ce titre m'est cher !

Aussi notre amitié ne date pas d'hier :
Je le connus....

Mlle. D'ORFEUIL.

Pardon, voulez-vous bien permettre
Que nous suivions le fil ?

M. D'ORFEUIL.
Ah ! oui.

(*Il continue de lire.*)

« D'hier matin,
» Notre jeune homme est en chemin,
» Et de près il suivra ma lettre.
» Mais j'ai cru vous devoir prévenir d'un dessein,
» Assez bizarre, au fond, s'il faut ne rien vous taire.
» De sa future il désire, entre nous,
» Observer, à loisir, l'humeur, le caractère.
» Dans cette vue, il doit s'introduire chez vous
» En simple voyageur, avec l'air du mystère,
» Et non comme futur époux. »

JUSTINE.
Plaisante idée !

Mlle. D'ORFEUIL.

Et mais !... elle semble promettre...
Je ne sais quoi...

M. D'ORFEUIL (*avec intention.*)

Pardon, voulez-vous bien permettre
Que nous suivions le fil ?....

Mlle. D'ORFEUIL.

Ah ! j'ai tort, en effet.

M. D'ORFEUIL (*continue de lire.*)
« Je suis loin d'approuver un semblable projet ;
» Mais j'ai cru cependant devoir vous en instruire.
» Car, prenant mon neveu pour un simple étranger,
» Vous pourriez, sinon l'éconduire,
» Mon cher, au moins le négliger.

..

» Embrassez bien pour moi votre charmante fille.
» Je suivrois mon neveu, si je me portois bien.
» Adieu; Derval. »

         Plus bas, on lit par apostille;
« Gardez mieux mon secret, que je ne fais le sien. »

      (*A sa fille.*)
Hé bien! voilà le tour que Florville te joue!

Mlle. D'ORFEUIL.

Il n'a rien d'offensant pour moi, je vous l'avoue.
Monsieur Derval a tort de blâmer son neveu.
Les époux d'à présent se connoissent trop peu.
Le projet de Florville annonce une belle ame;
Et qui d'avance ainsi veut connoître sa femme,
Est sans doute jaloux de faire son bonheur.

M. D'ORFEUIL.

Je lui pardonne aussi ce tour-là de bon cœur.
Qu'il t'observe de près, il en est bien le maître;
Tu ne peux que gagner à te faire connoître.

JUSTINE.

Mais on n'est pas fâché pourtant d'être averti.

M. D'ORFEUIL.

De l'avis, en effet, sachons tirer parti.
Il va jouer son rôle : hé bien, jouons le nôtre :
Paroissons, en effet, le prendre pour un autre.
D'abord, comme il pourroit arriver dès ce soir,
J'ai dit à tous mes gens de le bien recevoir;
Mais sans faire semblant du tout de le connoître.

JUSTINE.

Bon. J'entends des chevaux : c'est Florville, peut-être.

SCÈNE III.

Les précédens, FRANÇOIS.

FRANÇOIS (*hors d'haleine.*)

Monsieur, votre futur est arrivé.

M. D'ORFEUIL.

Paix donc.

Je t'avois défendu ce terme-là.

FRANÇOIS.

Pardon ;

Je l'oubliois. Enfin, voici monsieur Florville....

M. D'ORFEUIL.

Encore ! Mais songe bien à réformer ton style.

FRANÇOIS.

Lui-même, il se trahit. Tenez, il me parloit,
A moi, comme l'on parle à son propre valet.

JUSTINE.

Et... son valet... est-il aussi bien de figure ?

FRANÇOIS.

Eh ! mais il est fort bien, d'agréable tournure.

JUSTINE.

Et dis-moi...

M. D'ORFEUIL.

Finissons. Ne vas-tu pas le voir ?
Florville va monter ; il faut le recevoir.
(*A François.*)
Qu'il vienne.

(*François sort.*)

SCÈNE IV.

Mlle. D'ORFEUIL, M. D'ORFEUIL,
JUSTINE.

M. D'ORFEUIL (*à sa fille, qui paroît embarrassée.*)
Eh ! mais, qu'as-tu ?

Mlle. D'ORFEUIL.
L'arrivée imprévue...,

De Florville...

M. D'ORFEUIL.
Hé bien ! quoi ?

Mlle. D'ORFEUIL.
N'étant point prévenue...,

Je suis en négligé.

M. D'ORFEUIL.
Bon ! cela ne fait rien.

Mlle. D'ORFEUIL.
Pardonnez-moi... Je vais auparavant...

M. D'ORFEUIL.
Fort bien !

Passer à la toilette une heure ; et je parie
Qu'au retour, tu seras une fois moins jolie.

Mlle. D'ORFEUIL.

Je ris de tous ces riens, et m'y soumets pourtant.
Je vous promets, du moins, de n'être qu'un instant.
(*Elle sort.*)

SCÈNE V.

M. D'ORFEUIL, JUSTINE.

M. D'ORFEUIL.

J'ai quelque chose encore à lui dire. Demeure.
Tu diras que je vais revenir tout à l'heure,
Que je suis sorti.

JUSTINE.

Bon.

(M. d'Orfeuil sort.)

SCÈNE VI.

JUSTINE (*seule.*)

Fort bien. En tout ceci,
Je vois que je pourrai jouer mon rôle aussi.
Ils viennent : à mon tour, je sens le cœur me battre.
(Elle regarde.)
A merveille. Ils sont deux, ainsi nous serons quatre.

SCÈNE VII.

JUSTINE, M. D'ORLANGE (*en bottes*),VICTOR.

JUSTINE.

Monsieur, pour un moment, Monsieur vient de sortir.
Si vous le désirez, quelqu'un va l'avertir.

M. D'ORLANGE.

L'avertir ? point du tout. Ne dérangez personne ;
J'attendrai.

JUSTINE.

Cependant...

VICTOR.

Ah ! vous êtes trop bonne.
Moi, j'attendrois long-temps, si vous vouliez rester.

JUSTINE (*lui rendant sa révérence.*)

Vous êtes bien poli ; je ne puis m'arrêter.

(*Elle sort.*)

SCÈNE VIII.

M. D'ORLANGE, VICTOR.

M. D'ORLANGE (*triomphant.*)

Hé bien ?

VICTOR.

Charmant accueil ! rencontre inespérée !
D'honneur !

M. D'ORLANGE.

Mon cher Victor, cette imposante entrée,
Cet antique château, ces bois silencieux,
Dont la cime paroît se perdre dans les cieux,
Tout ceci me promet quelque grande aventure.

VICTOR.

Eh ! mon Dieu ! sans nous perdre en vaine conjecture,
Tenons-nous-en, de grâce, à la réalité,
Monsieur ; elle a de quoi suffire, en vérité !
On ouvre... moi, j'étois tremblant comme la feuille.
Je m'avance : on sourit, on s'empresse, on m'accueille ;

Pour prendre les chevaux, un garçon a volé,
Et du nom de Monsieur l'on m'a même appelé :
J'entre enfin, et déjà tout le monde me fête.

M. D'ORLANGE.

Le maître de ces lieux est tout-à-fait honnête.

VICTOR.

Vous ne l'avez pas vu.

M. D'ORLANGE.

J'en juge par ses gens.
S'il étoit dur et fier, ils seroient insolens.
Tel valet, tel maître.

VICTOR.

Oui, rien n'est plus véritable ;
Aussi, Monsieur, chacun vous trouve fort aimable.

M. D'ORLANGE.

Victor ne manque pas de bonne opinion.

VICTOR.

Tel maître, tel valet. De ma réception
Je ne puis revenir ; elle est particulière.

M. D'ORLANGE.

Eh ! mais suis-je partout reçu d'autre manière ?
Et quand on se présente...

VICTOR.

Ah ! vous voilà bien fier !
Mais hier...

M. D'ORLANGE.

Il s'agit d'aujourd'hui, non d'hier.

V I C T O R.

A la bonne heure ; ici le hasard nous procure
Un asile ; et demain ?

M. D'ORLANGE.

       Demain ? autre aventure.

V I C T O R.

Bonne réception, bon souper, bonne nuit ;
C'est fort bien ; mais sachons où cela nous conduit.
Voulez-vous donc toujours ainsi courir le monde,
Et mener une vie errante et vagabonde ?
Depuis plus de six ans, je voyage avec vous
De royaume en royaume.

M. D'ORLANGE.

       Il n'est rien de plus doux.

V I C T O R.

Mais, que vous reste-t-il, enfin, de vos voyages ?

M. D'ORLANGE.

Le souvenir...

V I C T O R.

       D'avoir manqué vingt mariages,
Vingt solides emplois, et dans votre chemin,
Pour l'incertain toujours négligé le certain.
Et moi, nouveau Sancho, d'un nouveau Don-Quichotte,
J'erre moi-même au gré du vent qui vous balotte,
Pestant, grondant, surtout quand vous vous égarez,
Et par fois espérant, lorsque vous espérez ;
Car vraiment je vous aime, et ne puis m'en défendre ;
Je ris de vos projets, et j'aime à les entendre ;
Heureux ou malheureux, près de vous je me plais :
Je puis bien me fâcher ; mais vous quitter ? jamais.

M. D'ORLANGE.

Va, je sens tout le prix d'un serviteur fidèle :
Tu seras, quelque jour, bien payé de ton zèle. '

VICTOR.

Vous promettez monts d'or, et n'avez pas un sou.

M. D'ORLANGE.

J'ai du bien... quelque part.

VICTOR.

     Vous ne savez pas où.

M. D'ORLANGE.

Mon oncle...

VICTOR.

   Ah! oui, c'étoit un digne et galant homme,
Qui nous faisoit passer tous les mois quelque somme.
Mais las! depuis six mois, pas un petit billet :
J'aimois bien, cependant, ceux qu'il vous envoyoit.
Il est peut-être mort.

M. D'ORLANGE.

    Quel présage sinistre !
Il me reste, en tout cas, la faveur du Ministre.
Dans les papiers publics j'ai reconnu son nom :
De mon père, au collége, il étoit compagnon ;
Et de cette amitié j'hérite en droite ligne.
Sa lettre me l'annonce.

VICTOR.

    Une lettre qu'il signe,
Et pour la forme.

M. D'ORLANGE.

Il m'a répondu tout d'un coup.

VICTOR.

Quatre mots seulement.

M. D'ORLANGE.

             Mais qui disent beaucoup.
Il ne rougira point de cette connoissance.
J'ai, sans trop me flatter, un nom, de la naissance.
De mes voyages, j'ai recueilli quelque fruit,
Et dans le droit public je suis assez instruit.
Oui, dès demain, je pars, et je vole à Versaille,
Comme pour annoncer le gain d'une bataille.
D'abord chez le Ministre, en courrier, je descends;
Et, sans lui prodiguer un insipide encens,
Moi, je lui dis : « Monsieur, vous trouverez peut-être,
» Mon entrée un peu leste : elle me fait connoître :
» Tel, à vos yeux, d'Orlange en ce jour vient s'offrir;
» Tel, et plus prompt encor, vous le verrez courir,
» S'il pouvoit être utile à son Prince, à la France. »
Cet air d'empressement, et surtout d'assurance,
Le frappe : nous causons ; il m'observe avec soin ;
Et je l'entends qu'il dit : « Ce jeune homme ira loin. »
Dans la journée il vaque un honorable poste ;
Mille gens l'attendoient ; et moi qui viens en poste,
Tout botté, je l'emporte ; et voilà mon début.
Ce n'est qu'un premier pas : je vais droit à mon but.
Je ferai mon chemin : je puis, de grade en grade,
Tout naturellement aller à l'Ambassade...
Que sais-je, enfin ?... je puis être... Ministre un jour :
Et je protégerai les autres à mon tour.

VICTOR (*persuadé par degrés.*)

Ah! vous n'oublîrez pas, j'espère, mon bon maître,
Un pauvre serviteur...

M. D'ORLANGE.

Non, tu dois me connoître ;
Sois tranquille ; toujours tu seras mon ami :
Tu seras d'un ministre un jour le favori.

VICTOR.

Est-il possible ?

M. D'ORLANGE (*gravement.*)

Mais soyez modeste et sage,
Et de votre crédit sachez régler l'usage.
Victor, de mes faveurs vous n'êtes le canal,
Que pour faire le bien, non pour faire le mal.

VICTOR (*humblement.*)

Ah ! croyez que jamais ce ne sera ma faute,
Si par hasard...

M. D'ORLANGE.

Fort bien. Revenons à notre hôte,
Il me prend par la main, me conduit au salon,
Me présente lui-même à ces dames...

VICTOR.

Ah ! bon.
Nous verrons quelque jour nos attentes remplies.
Et ces Dames, Monsieur, à coup sûr sont jolies !

M. D'ORLANGE.

Oh ! oui. La Demoiselle, ou je suis bien trompé,
Est charmante ! et d'honneur, j'en suis d'abord frappé.
Je me remets bientôt, comme tu crois.

VICTOR.

Sans doute.

M. D'ORLANGE.

La mère m'interroge, et la fille m'écoute.
J'ai voyagé, Victor : j'en ai pour plus d'un soir.
A table, entr'elles deux on m'invite à m'asseoir.
Je dévore. Au dessert, la Demoiselle chante :
Quel goût délicieux ! et quelle voix touchante !
On me mène en un grand et bel appartement :
Je suis las ; je m'endors délicieusement.
La jeune Demoiselle a moins dormi peut-être.
On déjeune. Victor vient avertir son maître.
Je me lève... l'on veut en vain me retenir :
Je pars, après avoir promis de revenir.

VICTOR (*hors de lui-même.*)

Restons, Monsieur, restons encor cette journée.

M. D'ORLANGE.

Je reviendrai, Victor, une fois chaque année.

SCÈNE IX.

Les précédens, M. D'ORFEUIL.

M. D'ORFEUIL.

Je rentre en ce moment : daignez me pardonner,
Monsieur.

M. D'ORLANGE.

C'est moi plutôt qui crains de vous gêner.

M. D'ORFEUIL.

(*A Victor.*)

Vous ! Mon ami, quelqu'un va vous faire connoître
L'appartement que doit occuper votre maître ;

Croyez, d'ailleurs, qu'ici rien ne vous manquera.
VICTOR.

En vérité... Monsieur, rien ne manque déjà.
Tout le monde, en ces lieux, sans doute est trop honnête :
Le jour où l'on s'égare, est un vrai jour de fête.
(*Il sort.*)

SCÈNE X.

M. D'ORFEUIL, M. D'ORLANGE.

M. D'ORFEUIL.

En ce château, Monsieur, soyez le bienvenu.
J'espère, quand de vous je serai mieux connu...
M. D'ORLANGE.

Je vous connois si bien, que je vous ferai grace
De ces remercîmens, dont un autre, en ma place...
M. D'ORFEUIL.

Des remercîmens ? bon !... Il ne m'en est point dû ;
Et dans votre alentour, si je m'étois perdu,
Vous feriez même chose assurément.
M. D'ORLANGE.

Sans doute.

M. D'ORFEUIL.

Comment donc avez-vous quitté la grande route ?
   (*A part.*)
Voyons ce qu'il dira.
M. D'ORLANGE.

J'ai trouvé deux chemins.

L'un vraisemblablement conduisoit à Moulins,

Et l'autre dans un bois d'assez belle apparence.
Moi, j'ai toujours aimé les bois de préférence.
Je choisis celui–ci.

M. D'ORFEUIL.

Vous fîtes bien, ma foi.
L'autre mène à Moulins, et celui–ci chez moi.

M. D'ORLANGE.

Je m'en sais très–bon gré. Dans cette conjoncture,
Tout est heureux pour moi... jusqu'à mon aventure
De voleurs, que je veux vous conter.

M. D'ORFEUIL.

Ah ! fort bien.

(*A part.*)
J'attendois les voleurs.

M. D'ORLANGE.

Je vois... je ne vois rien ;
Mais j'entends près de moi...

M. D'ORFEUIL.

Des voleurs.

M. D'ORLANGE.

Ils accourent !
Et mon valet s'enfuit.

M. D'ORFEUIL.

Le poltron !

M. D'ORLANGE.

Ils m'entourent.

M. D'ORFEUIL.

Que fîtes-vous alors ?

M. D'ORLANGE.

J'étois seul contre dix.
Je pris pourtant un ton très-ferme, et je leur dis :
« Messieurs,

« Messieurs, que me veut-on ? ma bourse ? on peut la prendre.
» S'agit-il de mes jours ? je saurai les défendre. »
Je tire alors ma bourse, et je la jette en l'air ;
Et bientôt je saisis mes armes.

M. D'ORFEUIL.
Bon.

M. D'ORLANGE.
Mon air

Les étonne.

M. D'ORFEUIL.
Fort bien.

M. D'ORLANGE.
Un moment ils se taisent.
L'un d'eux enfin me dit : « Les braves gens nous plaisent.
» L'argent, nous le gardons, nous en avons besoin :
» Mais attaquer vos jours ? nous en sommes bien loin.
» Venez, nous vous servons et de guide et d'escorte. »
Ils m'ont tenu parole, et jusqu'à votre porte
Ils m'ont suivi ; voilà ce qui m'est arrivé.

M. D'ORFEUIL.
(A part.)
Le récit est piquant.   On ne peut mieux trouvé.
   (Haut.)
Monsieur, vous m'avez l'air d'un digne et galant homme,
Et... de grâce, peut-on savoir comme on vous nomme ?

M. D'ORLANGE.
D'Orlange.

M. D'ORFEUIL.
Bon. Monsieur d'Orlange, allons, venez.
Ma fille avec plaisir vous verra.

M. D'ORLANGE.
Pardonnez,

Si je suis indiscret. Vous n'avez qu'une fille ?

M. D'ORFEUIL.

Une seule, Monsieur ; c'est toute ma famille,
Ma seule joie ; aussi je l'aime uniquement.

M. D'ORLANGE.

Et vous êtes payé d'un tendre attachement,
Sans doute ?

M. D'ORFEUIL.
Je le crois. Elle est sensible, aimante.
Ce sera, je l'espère, une femme charmante,
Il ne m'appartient pas, Monsieur, de la louer ;
Henriette est aimable, il le faut avouer.

M. D'ORLANGE.

Mais ce sera pour vous une peine cruelle,
Lorsqu'un jour il faudra que vous vous priviez d'elle?

M. D'ORFEUIL.

Je voudrois que mon gendre ici pût demeurer.
Mais, s'il faut de ma fille enfin me séparer,
Je saurai me résoudre à cette perte affreuse ;
Et si son mari l'aime...

M. D'ORLANGE.
Eh quoi ! vous en doutez ?
J'en répondrois pour lui.

M. D'ORFEUIL.
Vous me le promettez ?

M. D'ORLANGE.
Assurément.

M. D'ORFEUIL.
Fort bien. Vous allez la connoître :
Venez.

M. D'ORLANGE.
Je ne suis pas en état de paroître.

M. D'ORFEUIL.

Bon !

M. D'ORLANGE.

Pour me débotter, je demande un moment.

M. D'ORFEUIL.

Je vais donc vous conduire à votre appartement ;
Car vous êtes chez vous, Monsieur, daignez le croire.

M. D'ORLANGE (*d'un accent très-prononcé.*)

Monsieur ! les anciens, dont on vante l'histoire,
Remplissoient les devoirs de l'hospitalité
Avec moins de franchise et moins de loyauté.

M. D'ORFEUIL.

Ces devoirs à remplir n'ont rien que de facile.
A tous les voyageurs ici j'offre un asile,
De bon cœur : après tout , rien n'est plus naturel.
Parmi ces voyageurs, il s'en présente... tel
Qui, de tout le passé, me paye avec usure.
Établissez-vous donc ici , je vous conjure.

M. D'ORLANGE.

(*A part.*)

Monsieur !.. Il est, vraiment, aimable tout-à-fait.

M. D'ORFEUIL.

De mon gendre je suis déjà très-satisfait.
(*Ils sortent ensemble.*)

FIN DU PREMIER ACTE.

ACTE II.

SCÈNE PREMIÈRE.
JUSTINE, VICTOR.

VICTOR.

Mais, je ne reviens point de ma surprise extrême.
Quoi ! tous les étrangers sont-ils reçus de même,
Mademoiselle ?

JUSTINE.

Oh ! non. Ils ne le sont pas tous ;
Tous ne sont pas, Monsieur, aimables comme vous.

VICTOR.

Aimable ! oh, moi, je suis bon enfant ; mais, du reste
Je ne me pique point...

JUSTINE.

Vous êtes trop modeste.

VICTOR.

Non, modestie à part ; c'est que l'on m'a reçu
Comme quelqu'un, vraiment, qui seroit attendu.

JUSTINE.

Voyez un peu !

VICTOR.

Pourquoi faut-il partir si vîte ?

JUSTINE.

Bon !

VICTOR.

Nous ne demandions qu'un souper et le gîte :

Nous les trouvons, sans doute, excellens ; mais demain
Il faudra de Paris reprendre le chemin.

JUSTINE.

Peut-être aussi que non.

VICTOR.

Comment cela ?

JUSTINE.

Que sais-je ?
Le mauvais temps, la pluie, ou le vent, ou la neige...

VICTOR.

Rien n'arrête Monsieur ; et jamais nulle part
Il ne reste deux jours : dès le matin, il part.
Vous ne connoissez pas, je le vois bien, mon maître.

JUSTINE.

Il est pourtant, je pense, aisé de le connaître.
C'est donc un voyageur ?

VICTOR.

C'est un vrai Juif errant.
Il court toujours le monde, et le monde est bien grand ;
Il aime à voyager, et moi j'aime à le suivre ;
Dès l'enfance, avec lui, j'ai coutume de vivre :
Aussi, famille, amis, pour lui j'ai tout quitté ;
Et sur ses pas, moi, fait pour la tranquillité,
Pour vivre avec ma femme, en mon petit ménage...

JUSTINE (*vivement.*)

Vous êtes marié !

VICTOR.

Non, vraiment, dont j'enrage.

JUSTINE (*à part.*)

Tant mieux ; j'avois bien peur.

VICTOR.

Je disois seulement
Que j'étois fait pour l'être ; aussi probablement
Je prendrai ce parti.

JUSTINE.

Bientôt ?

VICTOR.

Mais je l'ignore.

JUSTINE.

Votre maître n'est point marié ?

VICTOR.

Pas encore ;
Et de long-temps, je pense, il ne se marîra.

JUSTINE.

Vous verrez que lui-même il finira par là.

VICTOR.

Vous croyez ?

JUSTINE.

Au revoir ; j'aperçois Henriette.

VICTOR.

Moi, je vais de Monsieur achever la toilette.

JUSTINE.

Qu'il se dépêche donc : allez, dites-le lui.
S'il part demain, du moins qu'on le voie aujourd'hui.

VICTOR.

Peut-être il feroit mieux d'éviter l'entrevue ;
Et pour moi, je crains bien de vous avoir trop vue.

(Il sort.)

JUSTINE (le suivant des yeux.)

Il n'est pas mal.

SCÈNE II.

Mlle. D'ORFEUIL, JUSTINE.

Mlle. D'ORFEUIL.

Quel est celui qui te parloit ?

JUSTINE.

C'est mon futur, à moi.

Mlle. D'ORFEUIL.

J'entends. C'est le valet...

JUSTINE.

Si j'en juge par lui, vous aimerez le maître.

Mlle. D'ORFEUIL.

Ce maître, en vérité, tarde bien à paraître.

JUSTINE.

Il s'habille, il s'arrange...

Mlle. D'ORFEUIL (vivement.)

Il étoit comme il faut.
Qu'il se pare un peu moins, et qu'il vienne plutôt.

JUSTINE.

Monsieur pouvoit tantôt vous dire même chose.

Mlle. D'ORFEUIL.

A propos... Tu l'as vu, Justine ?

JUSTINE.

Hé bien ?

Mlle. D'ORFEUIL.

Je n'ose

T'interroger... Enfin, comment le trouves-tu ?

JUSTINE.

Je n'en puis trop juger ; je ne l'ai qu'entrevu.
Seulement il est jeune et d'aimable figure.

Mlle. D'ORFEUIL.

Pour le reste déjà c'est un heureux augure ;
Justine, conviens-en.

JUSTINE.

Oui, j'en tombe d'accord,

Mademoiselle ; il plaît dès le premier abord :
Il a l'air franc, ouvert, des manières aisées.

Mlle. D'ORFEUIL.

Mes espérances donc seront réalisées.

JUSTINE.

Ah ! doucement. Ce n'est qu'un indice léger :
Mais par vous-même enfin vous en allez juger.

SCÈNE III.

**Mlle. D'ORFEUIL, M. D'ORLANGE,
JUSTINE.**

M. D'ORLANGE (*avec un nouvel habillement.*)

Voici, Mademoiselle, une heureuse disgrâce.
A la nuit, au hasard, que je dois rendre grâce !
De détours en détours m'amener jusqu'ici,
C'est conduire fort bien que d'égarer ainsi.

JUSTINE.

Quelquefois dans la vie il faut que l'on s'égare.

M. D'ORLANGE.

Eh mais, cet accident chez moi n'est pas très-rare :
Je l'avoûrai, souvent cela m'est arrivé :
Presque toujours aussi je m'en suis bien trouvé.

JUSTINE.

Vous le faites exprès, peut-être ?

M. D'ORLANGE.

Je m'écarte
Volontiers. Je ne sais les chemins ni la carte ;
Mais je marche au hasard. Si la nuit m'a surpris,
De ce petit malheur, moi-même je souris,
Sûr de voir, tôt ou tard, de loin, une lumière ;
Tantôt c'est un château, tantôt une chaumière.
Hier, je fus reçu par un bon paysan,
A qui, par parenthèse, avant qu'il soit un an,
Je prétends bien causer une douce surprise.
Ici, je trouve encor, avec même franchise,

Plus de goût, plus de grâce, et j'admire, d'honneur!...

Mlle. D'ORFEUIL.

Vous aimez donc beaucoup à voyager, Monsieur?

M. D'ORLANGE.

Ah! beaucoup. Est-il rien de plus doux dans la vie,
Que d'aller, de venir au gré de son envie?

Mlle. D'ORFEUIL.

Mais... on se fixe enfin.

M. D'ORLANGE.

Eh mais, en vérité,

De se fixer ici l'on seroit bien tenté.
Où trouver, en effet, un lieu plus agréable,
Plus riant, et surtout un accueil plus aimable?
Mais je ne puis long-temps m'arrêter nulle part.

Mlle. D'ORFEUIL.

Vous arrivez, déjà vous parlez de départ!

M. D'ORLANGE.

N'en parlons point ce soir; mais demain, dès l'aurore,
Il faudra...

JUSTINE.

Bon! demain vous serez las encore.

Mais de la sorte enfin si toujours vous errez,
Jamais, en ce cas-là, vous ne vous marîrez.

M. D'ORLANGE.

On ne voyage pas toujours.

JUSTINE.

Oh! non, sans doute.

Un beau jour, par hasard, on trouve sur sa route...

Tel objet... qui vous plaît, qui sait vous engager ;
Et l'on ne songe plus alors à voyager.

M. D'ORLANGE.

Peut-être bien qu'un jour ce sera mon histoire.
Cependant je serois par fois tenté de croire
Que je ne suis point fait pour être marié.

Mlle. D'ORFEUIL.

Pourquoi, Monsieur ?

M. D'ORLANGE.

         Je crains d'être contrarié
Dans mes goûts ; car je suis ennemi de la gêne ;
Et l'hymen le plus doux est toujours une chaîne.

Mlle. D'ORFEUIL.

Cette chaîne est légère, et n'a rien d'effrayant.

M. D'ORLANGE.

J'aime la liberté.

Mlle. D'ORFEUIL.

         Mais, en vous mariant,
Vous ne la perdrez point.

M. D'ORLANGE.

         Les femmes sont charmantes,
Je le vois ; mais souvent elles sont... exigeantes.
Elles veulent qu'on soit toujours à leurs côtés,
Qu'on prodigue les soins, les assiduités :
D'un tel effort, je sens que je suis incapable.
Et je pourrois, par jour, être souvent coupable.

Mlle. D'ORFEUIL.

Il faudroit bien alors souvent vous pardonner.

M. D'ORLANGE.

Par fois, pendant un mois, je puis me promener.

Mlle. D'ORFEUIL.

Il faudroit bien encor pardonner cette absence :
Le devoir d'une femme est dans la complaisance.
Une fois prévenue...

M. D'ORLANGE.

Oh ! je l'en préviendrois ;
Car si j'étois au point d'épouser, je voudrois
Connoître bien ma femme, être bien connu d'elle.

JUSTINE.

Oui-da !

M. D'ORLANGE.

Je lui dirois : « Tenez, Mademoiselle... »
Mais quoi, je vous ennuie.

Mlle. D'ORFEUIL.

Achevez, s'il vous plaît ;
Je prends à vos discours le plus vif intérêt.

JUSTINE.

(*A part.*)
Moi de même. Voyons où tout ceci nous mène.

M. D'ORLANGE.

« Je n'aimerai que vous, vous le croirez sans peine ;
» (Dirois-je à ma future... »)

Mlle. D'ORFEUIL.

Oh ! oui, j'entends fort bien.

M. D'ORLANGE.

« Mais je suis né galant, tel même, j'en convien,
» Que l'on pourroit, par fois, me croire un peu volage.
» Toute femme jolie a droit à mon hommage :

» Trop heureux de lui plaire en tout temps, en tous lieux!
» Or, même après l'hymen, j'aurai toujours des yeux ;
» Et je croirai pouvoir, sans inspirer de doutes,
» Préférer une femme, et vouloir plaire à toutes. »

JUSTINE.

C'est tout simple. Sans doute aussi, de son côté,
Monsieur lui laisseroit la même liberté ;
Verroit avec plaisir, même après l'hyménée,
De mille adorateurs sa femme environnée,
Sourire à l'un, flatter cet autre d'un coup d'œil,
Et faire à tout le monde un caressant accueil ;
Aux lieux publics, au bal, à la pièce nouvelle,
Partout aller sans lui, puisqu'il iroit sans elle ;
Et, comme vous disiez, fidèle à son époux,
Le préférer d'accord, mais vouloir plaire à tous.

M. D'ORLANGE.

. Eh mais...

JUSTINE.

Voilà pourtant ce qu'il faudroit permettre.

M. D'ORLANGE.

C'est ce qu'en vérité je n'oserois promettre.
Vous faites un portrait qui n'est pas séduisant.

Mlle. D'ORFEUIL.

Rassurez-vous, Monsieur : Justine, en s'amusant,
A peint une coquette, et non... votre future.

JUSTINE.

Quoi! seriez-vous, Monsieur, jaloux par aventure ?

M. D'ORLANGE.

Peut-être, un peu.

Mlle. D'ORFEUIL.

Pourtant il faudroit, entre nous,
Ou n'être point volage, ou n'être point jaloux ;
Sinon, vous aurez peine à trouver une femme.

M. D'ORLANGE.

Aussi, je le sens bien dans le fond de mon ame ;
Je suis fait pour l'amour, mais très-peu pour l'hymen.

JUSTINE (*à part.*)

De bonne foi, du moins, il fait son examen.

M. D'ORLANGE.

Je dis ce que je pense ; excusez ma franchise.

Mlle. D'ORFEUIL.

Moi, je vous en sais gré, s'il faut que je le dise.
En de tels sentimens j'ai regret de vous voir ;
Mais je suis très-charmée, au fond, de le savoir.

M. D'ORLANGE.

Laissons donc là l'hymen, et parlons d'autre chose :
Aussi-bien, ce seroit s'inquiéter sans cause.

SCÈNE IV.

Les précédens, M. D'ORFEUIL.

M. D'ORFEUIL (*de loin, à part.*)

Ah ! mon gendre n'a point un air embarrassé.
(*Haut.*)
Hé bien, mon cher Monsieur, êtes-vous délassé ?

M. D'ORLANGE.

Dès le moment qu'ici j'ai vu Mademoiselle.

M. D'ORFEUIL.

Pardon, si je vous ai laissé seul avec elle.

M. D'ORLANGE.

C'est, au contraire, à moi de vous remercier.
Malheur à qui pourroit ne pas apprécier
Son charmant entretien, et la grâce qui brille!...

M. D'ORFEUIL.

Vous me flattez, Monsieur. Il est vrai que ma fiile
Lit beaucoup.

Mlle. D'ORFEUIL.

Ah! plutôt j'écoute ce qu'on dit,
Mon père, et j'ai grand soin d'en faire mon profit.
Tel entretien instruit bien mieux qu'une lecture.

M. D'ORFEUIL.

Monsieur t'a donc conté quelque grande aventure?
J'aime les voyageurs. Ils content volontiers,
Et moi j'écouterois pendant des jours entiers.
Je prends le plus souvent leurs récits pour des fables;
Car ils ont toujours vu des choses incroyables.
Êtes-vous voyageur, dans la force du mot?

Mlle. D'ORFEUIL.

A quelque chose près.

JUSTINE (*à part.*)
Florville n'est point sot.

M. D'ORFEUIL.

Contez-nous donc, Monsieur, quelqu'étonnante histoire.

M. D'ORLANGE.

A quoi bon vous conter? vous ne voulez rien croire,
Monsieur.

M. D'ORFEUIL.

Il est bien vrai que je suis prévenu:
Mais je ne vous veux pas traiter en inconnu.

Allons, je vous croirai, je le promets d'avance.
De quel pays, Monsieur, êtes-vous?

M. D'ORLANGE.

De Provence.

M. D'ORFEUIL.

De Provence? Voyez! je ne l'aurois pas cru :
Vous n'avez point l'accent.

M. D'ORLANGE.

C'est que j'ai tant couru!

En voyageant, l'accent diminue et s'efface.

JUSTINE (*bas à sa maîtresse.*)

Il ment fort bien.

Mlle. D'ORFEUIL (*bas à Justine.*)

Avec trop d'aisance et de grace.

M. D'ORFEUIL.

Vous avez donc bien vu du pays?

M. D'ORLANGE.

Vous riez,

Monsieur; mais cependant, tel que vous me voyez,
J'ai déjà parcouru presque l'Europe entière.

M. D'ORFEUIL.

L'Europe?

JUSTINE (*à part.*)

Il n'a pas vu, je gage, la frontière.

M. D'ORFEUIL.

Comment voyagez-vous?

M. D'ORLANGE.

De toutes les façons,

Suivant les temps, les lieux et les occasions,
Par eau, comme par terre, à cheval, en voiture,
A pied même, pour mieux observer la nature.

JUSTINE.

JUSTINE.

Monsieur semble, en effet, curieux d'observer.

Mᴵˡᵉ. D'ORFEUIL.

Et chacun en cela ne peut que l'approuver:
On voit bien mieux de près.

M. D'ORFEUIL.

Je vous attends à table,
Monsieur : de questions d'abord je vous accable.

M. D'ORLANGE.

De questions, Monsieur ? ma foi je mangerai,
Je le sens, beaucoup plus que je ne conterai.
Grâce jusqu'au dessert.

M. D'ORFEUIL.

Soit. Aussi-bien j'espère
Que nous nous reverrons.

M. D'ORLANGE.

Espérance bien chère !
J'aurois trop de regret de né vous voir qu'un jour,
Si je n'avois du moins l'espoir d'un prompt retour.

M. D'ORFEUIL.

J'y compte assurément. Aussi-bien, quand j'y pense,
C'est le chemin, je crois, pour aller en Provence.

M. D'ORLANGE.

Et mais, quand il faudroit se détourner un peu,
Cent milles de chemin ne sont pour moi qu'un jeu.
Puis, comme vous disiez, c'est en effet la route.
Oui, dans ces lieux charmans je reviendrai sans doute;
Mais souffrez que j'y mette une condition.

M. D'ORFEUIL.

Laquelle donc ?

M. D'ORLANGE.

Eh oui ! votre réception

Me touche, me pénètre; elle est et noble et franche.
Ne pourrai-je chez moi prendre un jour ma revanche?

M. D'ORFEUIL.

Eh mais...

M. D'ORLANGE.

Promettez-moi d'y venir.

M. D'ORFEUIL.

En effet,

Votre invitation me flatte tout-à-fait;
Et je ne vous dis pas qu'un jour je n'y réponde.
Ce voyage seroit le plus joli du monde.

M. D'ORLANGE.

Mademoiselle... au moins, sans trop être indiscret,
J'ose le croire, alors, vous accompagneroit.

Mlle. D'ORFEUIL.

Partout, avec plaisir, j'accompagne mon père.
Cette partie auroit surtout droit de me plaire.

M. D'ORLANGE.

Ce que vous dites-là me charme en vérité,
Mademoiselle; moi, j'ai toujours souhaité,
Lorsque je me mettois pour long-temps en campagne,
Au lieu d'un compagnon, d'avoir une compagne.
On part un beau matin, suivi d'un écuyer :
Elle est en amazone, ou bien en cavalier.
Tout prend autour de vous une face nouvelle :
L'air est plus doux, plus pur, la nature plus belle.
On s'arrête, on sourit, on se montre des yeux
Ce qu'on voit, on en parle; enfin on le voit mieux.
Est-on las? on descend au bord d'une fontaine;
Et dans ce doux repos on oubliroit sans peine

Le voyage lui-même. En un joli château
On arrive le soir, toujours *incognito* ;
Car c'est là ma manière, et je hais, en voyage,
Tout appareil, tout faste et tout vain étalage.
De l'Europe, du monde on fait ainsi le tour,
Tout en se promenant. Quel plaisir, au retour,
Quand le soir, près du feu, l'on se rappelle ensemble
Ce qu'on a vu, tel jour, en tel endroit ! Il semble
Qu'on le revoie encor, en se le racontant.

M. D'ORFEUIL.

Je crois voir tout cela moi-même, en écoutant ;
Et vos rians tableaux me font jouir d'avance
Du plaisir que j'espère en allant en Provence.

M. D'ORLANGE.

Revenons, en effet, au point essentiel.
La Provence, on le sait, est sous le plus beau ciel!...

M. D'ORFEUIL.

Oui. Vous avez, sans doute, une terre fort belle ?

M. D'ORLANGE (*embarrassé.*)

J'ai, très-jeune, quitté la maison paternelle,
Et n'en ai maintenant qu'un souvenir confus.
C'étoit un bel endroit! il doit l'être encor plus.

M. D'ORFEUIL.

Et dites-moi, la mer est-elle loin ?

M. D'ORLANGE.

En face,

Je m'en souviens fort bien, au pied de la terrasse.
Un pareil souvenir ne s'efface jamais.

M. D'ORFEUIL.

C'est un coup d'œil superbe !

M. D'ORLANGE.

Oh ! je vous le promets.

JUSTINE.

Je verrai donc la mer une fois en ma vie !

Mlle. D'ORFEUIL.

J'ai toujours, de la voir, eu la plus grande envie.

M. D'ORLANGE.

Oh bien, c'est un plaisir qu'avant peu vous aurez ;
Et même en pleine mer vous vous promenerez

Mlle. D'ORFEUIL.

Mais... j'aurois peur, je crois.

M. D'ORLANGE.

Quelle foiblesse extrême !
Eh ! craint-on quelque chose auprès de ce qu'on aime ?..
(*Il se reprend.*)
Près d'un père ?

M. D'ORFEUIL.

Monsieur, il est temps de souper ;
Et de ce soin pressant je m'en vais m'occuper.
Voulez-vous bien venir, Monsieur... monsieur d'Orlange ?

JUSTINE (*à part.*)

Le futur a joué son rôle comme un ange.

M. D'ORFEUIL.

(*A d'Orlange.*)   (*A sa fille.*)
Venez.   Ma fille, et toi, viens-tu ?

Mlle. D'ORFEUIL.

Dans le moment,
Je vous rejoins, mon père.

M. D'ORFEUIL (*bas à sa fille.*)
Allons. Il est charmant.
(*Il emmène d'Orlange.*)

SCÈNE V.

Mlle. D'ORFEUIL, JUSTINE (*qui se regardent quelque temps.*)

JUSTINE.

Hé bien, Mademoiselle ?

Mlle. D'ORFEUIL.
Ah! ma chère Justine !

JUSTINE.

Plaît-il ?

Mlle. D'ORFEUIL.
Tu m'entends bien.

JUSTINE.
Je crois que je devine.

Mlle. D'ORFEUIL.
Voilà donc ce futur !

JUSTINE.
Le voilà.

Mlle. D'ORFEUIL.
Qui l'eût dit ?

JUSTINE.
Qui ? moi, Mademoiselle. Oui, je vous l'ai prédit :

Auprès de ce héros charmant , imaginaire ,
Le véritable époux n'est qu'un homme ordinaire :
En un mot , le premier a fait tort au second.

Mlle. D'ORFEUIL.

Ah ! quelle différence !

JUSTINE.

     Écoutez donc : au fond ,
Vous auriez pu déchoir encore davantage ;
Car , après tout , celui qui vous reste en partage ,
Est aimable...

Mlle. D'ORFEUIL.

    Un tel mot est bien vague à présent.
De séduisans dehors , un babil amusant ,
Dans le monde , voilà ce qui fait l'homme aimable ;
Et Florville , à mes yeux , seroit fort agréable ,
Si Florville , pour moi , n'étoit qu'un étranger :
Mais c'est comme un époux que j'ai dû le juger.
Dans son époux , Justine , on a bien droit d'attendre
Un esprit droit , solide , un cœur sensible et tendre ;
Et je ne trouve point tout cela dans le mien.

JUSTINE.

Qui vous l'a dit enfin ?

Mlle. D'ORFEUIL.

    Eh ! tout son entretien.

Quelle légèreté !

JUSTINE.

   C'étoit un badinage ;
Il falloit bien ainsi jouer son personnage.

Mlle. D'ORFEUIL.

Va, va, le caractère enfin perce toujours ;
Et je le juge, moi, par ses propres discours,
Comme lui, vains, légers, inconséquens, frivoles.
Tiens, il s'est peint lui-même, en fort peu de paroles :
Amant fort agréable, et très-mauvais époux.

JUSTINE.

C'est le juger, je pense, un peu vîte, entre nous.
Il se peut bien qu'ici vous vous soyiez trompée.
Attendez donc du moins un second entretien,
Et vous verrez alors...

Mlle. D'ORFEUIL.

Allons, je le veux bien.

SCÈNE VI.

Les précédens, FRANÇOIS.

JUSTINE.

Qu'est-ce ?

FRANÇOIS (*à Justine.*)
Je vous le donne à deviner en mille.
Encore un étranger qui demande un asile !

JUSTINE.

Comment ?...

FRANÇOIS.

Oh ! celui-ci s'est perdu tout de bon.

Mlle. D'ORFEUIL.

Et vous ne savez pas qui ce peut être ?

FRANÇOIS.

Non,

Mademoiselle ; il est tout-à-fait laconique.

JUSTINE.

Eh mais , en vérité, la rencontre est unique.

Mlle. D'ORFEUIL.

Va-t-il monter ?

FRANÇOIS.

Il est au bout du corridor.

Mlle. D'ORFEUIL.

Avez-vous averti mon père ?

FRANÇOIS.

Pas encor.
J'y courois ; j'ai chargé quelqu'un de le conduire.

Mlle. D'ORFEUIL.

Écoutez. En ce lieu vous allez l'introduire.
Pour moi , je vais trouver mon père, de ce pas,
Et je l'avertirai ; car je ne me sens pas,
En ce moment , d'humeur à recevoir du monde.

(*Elle sort.*)

SCÈNE VII.

JUSTINE, FRANÇOIS.

JUSTINE.

En jeunes voyageurs cette soirée abonde.

FRANÇOIS.

Tant mieux pour nous.

JUSTINE.

Je veux entrevoir celui-ci.

FRANÇOIS.

Vous êtes curieuse.

JUSTINE.

Un peu. Bon, le voici.
(*Elle le regarde.*)
Il n'est pas mal, pourtant moins joli que le nôtre.

FRANÇOIS.

Ils sont fort bien tous deux, et celui-ci vaut l'autre.

JUSTINE.

L'autre est notre futur. Adieu.
(*Elle sort.*)

SCÈNE VIII.

M. DE FLORVILLE, FRANÇOIS, UN LAQUAIS (*qui sort après l'avoir introduit.*)

FRANÇOIS.

Dans ce salon
Voulez-vous bien, Monsieur, attendre un instant?

M. DE FLORVILLE.

Bon,
J'attends : vous avez l'air d'un serviteur fidèle.

FRANÇOIS.

Je n'ai pas grand mérite à servir avec zèle.
De tout le monde ici mon maître est adoré.
Je suis né près de lui, près de lui je mourrai ;

Car je me crois vraiment encor dans ma famille.

M. DE FLORVILLE.

Oui ? votre maître... a-t-il des enfans ?

FRANÇOIS.

Une fille.

M. DE FLORVILLE.

Aimable ?

FRANÇOIS.

Oh oui. Partout on vante sa beauté.
Un pauvre serviteur ne voit que la bonté.
Nous la perdrons bientôt ; cela me désespère.

M. DE FLORVILLE.

On va la marier ?

FRANÇOIS.

Hélas ! monsieur son père
Arrive pour cela de Moulins.

M. DE FLORVILLE.

Savez-vous,
Dites-moi, ce que c'est que son futur époux ?

FRANÇOIS.

C'est un fort galant homme, et d'un mérite rare,
A ce que dit Monsieur, pourtant un peu bizarre.

M. DE FLORVILLE.

Bizarre ?

FRANÇOIS.

Oui, singulier, dit-on.

M. DE FLORVILLE.

Est-il aimé ?

FRANÇOIS.

Je ne vous dirai pas ; mais, sans être informé

De ses secrets, je crois qu'une honnête personne
Aime d'avance assez le mari qu'on lui donne.
Pardon.

                     (*Il sort.*)

SCÈNE IX.

M. DE FLORVILLE (*seul.*)

    Je suis content de ce court entretien;
De ma jeune future il dit beaucoup de bien.
Rarement un valet dit du bien de son maître :
Celui-ci pour Florville est loin de me connoître.
Sachons adroitement cacher notre secret.
D'avoir pris ce parti je n'ai point de regret.
Jusqu'ici mon hymen s'étoit traité par lettre;
Et si j'avois voulu jusqu'au bout le permettre,
Une dernière lettre eût servi de mandat,
Dont le porteur quelconque eût signé le contrat.
Moi, je veux, quelques jours avant la signature,
Observer mon beau-père, et voir si ma future
A du sens, de l'esprit, des vertus, des appas,
Me convient, en un mot, ou ne me convient pas.
Qu'on trouve mon projet raisonnable ou bizarre,
N'importe : si je suis content, je me déclare :
Si je ne le suis point, je demeure inconnu,
Et je repars bientôt comme je suis venu.
Trop heureux, en manquant un mauvais mariage,
D'en être quitte encor pour les frais du voyage !

SCÈNE X.

M. DE FLORVILLE, M. D'ORLANGE.

M. D'ORLANGE (*à part de loin.*)

Où donc est-il? Je suis curieux de le voir.
> (*Haut.*)

Ah! bon. C'est moi, Monsieur, qui viens vous recevoir.

M. DE FLORVILLE.

J'ai l'honneur de parler probablement au maître?...

M. D'ORLANGE.

Il est sorti.

M. DE FLORVILLE.

Je vois monsieur son fils, peut-être?...

M. D'ORLANGE.

Je ne suis point parent.

M. DE FLORVILLE.

Je me trompe, pardon :
Monsieur est, je le vois, ami de la maison !

M. D'ORLANGE.

Moi ! point du tout : bientôt je le serai, sans doute.
Je suis un voyageur, égaré de sa route,
Qui, charmé de l'accueil qu'en ces lieux je reçoi,
Et que vous recevrez, sans doute, ainsi que moi,
Viens vous féliciter.

M. DE FLORVILLE.

Monsieur...

M. D'ORLANGE.

Je veux moi-même
Vous présenter ici.

M. DE FLORVILLE (*à part.*)

Quel est ce zèle extrême ?

M. D'ORLANGE.

Nous sommes bien tombés, Monsieur, en vérité.

M. DE FLORVILLE.

Oui !

M. D'ORLANGE.

Notre hôte est d'un cœur ! surtout d'une gaîté !
Sur ma foi, vous serez ravi de le connoître.

M. DE FLORVILLE.

C'est assez, en un soir, d'un étranger peut-être.

M. D'ORLANGE.

Vous ne connoissez pas le maître de ces lieux,
Je le vois.

M. DE FLORVILLE.

Vous semblez le connoître un peu mieux.

M. D'ORLANGE.

Qui ? moi ! j'arrive aussi. Compagnons d'infortune,
La consolation à tous deux est commune.

M. DE FLORVILLE.

Je ne me flatte point d'avoir le même accueil.

M. D'ORLANGE.

Comme moi, vous plairez dès le premier coup d'œil.

M. DE FLORVILLE.

A cet espoir flatteur, allons, je m'abandonne.

M. D'ORLANGE.

J'en réponds. Vous verrez une jeune personne !...
C'est sa fille.

M. DE FLORVILLE.

J'entends.

M. D'ORLANGE.

Charmante. Sa beauté,
Peu commune, est encor sa moindre qualité.
C'est un air, un maintien qui d'abord vous enchante ;
C'est dans tous ses discours une grâce touchante,
Qui m'a ravi d'abord.

M. DE FLORVILLE.

Oui, je vois en effet...

M. D'ORLANGE.

D'honneur ! je ne sais pas comment cela s'est fait.
De mon premier abord elle a paru charmée :
Par degrés... que dirai-je ? elle s'est animée ;
Elle a beaucoup d'esprit, de sensibilité.
Moi, j'ai de l'abandon, de la franche gaîté :
Quand on sent que l'on plaît, on en est plus aimable.
Mon hommage, en un mot, lui seroit agréable,
Ou je me trompe fort.

M. DE FLORVILLE.

Mais vraiment, je le crois.
Vous la voyez ce soir, pour la première fois ?

M. D'ORLANGE.

Sans doute.

M. DE FLORVILLE (*à part.*)

Tout ceci cache-t-il un mystère ?

(*Haut.*)

Et.. comptez-vous, Monsieur, suivre un peu cette affaire?

M. D'ORLANGE.

Je le voudrois. Mais quoi ! je ne puis : dès demain ,
Il faudra, vers Paris, poursuivre mon chemin.

M. DE FLORVILLE.

Dès demain?

M. D'ORLANGE.

Oui, vraiment : une raison très-forte
M'appelle....

M. DE FLORVILLE.

Il faut toujours que le devoir l'emporte.

M. D'ORLANGE.

Allez-vous à Paris, Monsieur ?

M. DE FLORVILLE (*à part.*)

(*Haut.*)   Je puis mentir.
Oui , j'y vais.

M. D'ORLANGE.

En ce cas, nous pourrons donc partir
Ensemble?

M. DE FLORVILLE.

Volontiers.

M. D'ORLANGE.

O le charmant voyage!
Il nous paroîtra court, celui-là, je le gage ;

Henriette fera les frais de l'entretien :
Henriette est le nom de la jeune....

M. DE FLORVILLE.

Ah ! fort bien,

(*A part.*)
Ce Monsieur m'apprendra le nom de ma future.

M. D'ORLANGE.

Mais je n'en reviens pas. Quelle heureuse aventure !
Je sens que pour jamais elle va nous lier.
Peut-être trouvez-vous ce début familier :
Mais quoi ! les voyageurs font bientôt connoissance.
Quoique notre amitié ne soit qu'à sa naissance,
Je sens qu'elle ira loin.

M. DE FLORVILLE.

Ah ! Monsieur !...

M. D'ORLANGE.

C'est au point
Que l'amour, non l'amour, ne nous brouilleroit point.

M. DE FLORVILLE.

Vous croyez ?

M. D'ORLANGE.

J'en suis sûr. Ce seroit bien dommage !
Mais si la même belle obtenoit notre hommage,
Et qu'elle eût prononcé ; l'autre, quoiqu'à regret,
Céderoit sans murmure, et se retireroit.

M. DE FLORVILLE.

L'effort seroit cruel pour une âme sensible.

M. D'ORLANGE.

A l'amitié, Monsieur, il n'est rien d'impossible.

D'ailleurs,

D'ailleurs, aimons ensemble où nous verrons deux sœurs;
Et cette double intrigue aura mille douceurs.

M. DE FLORVILLE.

Mais si je soupirois pour une fille unique,
Et que vous survinssiez... ?

M. D'ORLANGE.

Bon ! bon ! terreur panique !

M. DE FLORVILLE.

Je le suppose.

M. D'ORLANGE.

Alors, c'est un point convenu,
Monsieur, que l'un de nous cède au premier venu.

M. DE FLORVILLE.

Mais...

M. D'ORLANGE.

Par exemple, ici, si j'aimois Henriette,
Vous seriez confident de ma flamme secrette ;
Et moi, je vous rendrois même service ailleurs.

SCÈNE XI.

Les précédens, OLIVIER.

OLIVIER.

Voulez-vous bien passer dans le salon, Messieurs ?

M. D'ORLANGE.

Pour souper ?

OLIVIER.

A l'instant.

TOME I.   19

M. D'ORLANGE (*à Florville.*)

Venez, je vous présente.

M. DE FLORVILLE.

Je vous suis obligé.

M. D'ORLANGE.

La rencontre est plaisante.
En un soir, ce n'est pas être heureux à demi :
Je trouve un doux asile, et je fais un ami.

M. DE FLORVILLE (*à part.*)

Ma foi! si j'y comprends un seul mot, que je meure!
Serois-je donc ici venu trop tard, d'une heure?
(*Ils sortent ensemble. Olivier les suit.*)

FIN DU SECOND ACTE.

ACTE III.

SCÈNE PREMIÈRE.

M. DE FLORVILLE (*seul.*)

Je n'ai pu fermer l'œil. Oui, j'en ferai l'aveu,
Ce jeune homme m'occupe et m'inquiète un peu.
Aime-t-il Henriette ? Ah ! rien n'est plus possible :
Peut-on la voir, l'entendre, et rester insensible ?
Dès le premier abord, je sens qu'elle m'a plu.
Grâce, esprit, elle a tout ; et peu s'en est fallu
Que bientôt, abjurant une inutile feinte,
Je ne me déclarasse. Une nouvelle crainte
Me retient : prenons garde à ce jeune inconnu.
Quel dommage pourtant, s'il m'avoit prévenu !

SCÈNE II.

Mlle. D'ORFEUIL, M. DE FLORVILLE.

Mlle. D'ORFEUIL.

Vous vous êtes, dit-on, promené de bonne heure,
Monsieur ?

M. DE FLORVILLE.

J'ai parcouru cette aimable demeure ;
Elle paroît charmante.

Mlle. D'ORFEUIL.

              Ah ! charmante !... Ces lieux
N'ont rien que de champêtre.

M. DE FLORVILLE.

               Ils m'en plaisent bien mieux.
Je hais ces beaux châteaux et leur vaine parure :
Non, il n'est rien de tel que la simple nature.

Mlle. D'ORFEUIL.

Monsieur aimeroit donc ce paisible séjour ?

M. DE FLORVILLE.

Je le préférerois à la ville, à la cour ;
J'aime les prés, les bois, surtout la solitude.
Là, sans ambition et sans inquiétude,
Dans un parfait repos, dans un calme enchanteur,
Loin d'un monde importun, et seul avec mon cœur,
Je sens que, si j'avois une aimable compagne,
Je passerois ma vie au sein de la campagne.

Mlle. D'ORFEUIL.

Dans vos souhaits, Monsieur, je retrouve mes goûts.
J'aime aussi la retraite.

M. DE FLORVILLE.

             Oui ; mais expliquons-nous :
J'entends une retraite isolée et profonde,
Et non celle où toujours le voisinage abonde.

Mlle. D'ORFEUIL.

Ce n'est pas celle-là que je veux dire aussi,
Monsieur ; et nous voyons très-peu de monde ici.

M. DE FLORVILLE.

Sans doute, je le crois, puisque vous me le dites :
Mais, en un soir, voilà cependant deux visites.

Mlle. D'ORFEUIL.

Oui , qui nous ont surpris fort agréablement ,
Mais que mon père et moi n'attendions nullement.

M. DE FLORVILLE.

Pas même la première? Eh quoi ! Mademoiselle ,
Ce Monsieur qui d'abord m'a montré tant de zèle ,
N'est donc qu'un voyageur égaré ?

Mlle. D'ORFEUIL.

      Je le vois ,
Ainsi que vous , Monsieur , pour la première fois.

M. DE FLORVILLE.

Ce jeune homme... paroît on ne peut plus aimable ,
Mademoiselle.

Mlle. D'ORFEUIL.

    Il est d'une humeur agréable ;
Et le premier coup d'œil , en effet , est pour lui.

M. DE FLORVILLE.

Mais c'est déjà beaucoup , et surtout aujourd'hui...

Mlle. D'ORFEUIL.

Nous parlions des plaisirs qu'à la campagne on goûte.
Vous les peignez si bien ! et moi , je vous écoute
En personne qui sent tout ce que vous peignez.
Ces innocens plaisirs , ailleurs trop dédaignés ,
Je les savoure ici : j'y vis très-solitaire.
Une autre trouveroit cette retraite austère :
Hé bien , ma solitude a pour moi des appas.

M. DE FLORVILLE.

Ah ! je le crois. D'ailleurs cela ne surprend pas.

Vous vivez près d'un père et respectable et tendre :
Vous faites son bonheur.

Mlle. D'ORFEUIL.

Je tâche de lui rendre
Les soins qu'il prit de moi, dès mes plus jeunes ans ;
Heureuse de pouvoir, par mes soins complaisans,
Écarter loin de lui, les ennuis, la tristesse,
Qui suivent et souvent précèdent la vieillesse !
Il aime la musique : hé bien, chaque dessert,
Monsieur, soir et matin, est suivi d'un concert.

M. DE FLORVILLE.

Fort bien.

Mlle. D'ORFEUIL.

Je suis, de plus, sa lectrice ordinaire.
Ma manière de lire a le don de lui plaire :
Doux emploi ! tous nos soirs sont bien vîte écoulés.

M. DE FLORVILLE.

(*Très-vivement.*)   (*En se reprenant.*)
Ah ! je vous aiderai...   ce soir, si vous voulez ;
Vous vous reposeriez....

Mlle. D'ORFEUIL.

Je vous suis obligée.
Quand mon père sourit, je me sens soulagée.

M. DE FLORVILLE.

Mademoiselle, hé bien, je le dirai tout bas :
Car un autre en riroit ; mais vous n'en rirez pas.
J'ai passé quatre hivers auprès de mon aïeule :
Jamais, jamais un soir je ne la laissai seule.
Je faisois sa partie, ensuite je lisois ;
Je l'écoutois, surtout ; enfin, je l'amusois ;

Et moi, j'étois heureux, en la voyant heureuse.
Sa mémoire, à la fois, m'est chère et douloureuse.

Mlle. D'ORFEUIL.

Que vous me rappelez un touchant souvenir !
Une mère ! pardon, je ne puis retenir
Mes pleurs...

M. DE FLORVILLE.

Les retenir ! Pourquoi, Mademoiselle ?
Ah ! gardez-vous-en bien : la cause en est trop belle ;
Et croyez qu'avec vous plutôt je pleurerois :
Qui connut vos plaisirs, doit sentir vos regrets.
J'éprouve, en ce moment, un charme inexprimable :
Non, je n'ai jamais eu d'entretien plus aimable.
Hélas ! pourquoi faut-il que des momens si doux
S'échappent aussi vîte !

Mlle. D'ORFEUIL.

Il ne tiendra qu'à vous,
Monsieur, de prolonger...

M. DE FLORVILLE.

Ah ! mon unique envie
Eût été de passer ici toute ma vie :
Mais peut-être en ces lieux, n'ai-je que peu d'instans...
L'autre étranger ici restera-t-il long-temps,
Mademoiselle ?

Mlle. D'ORFEUIL.

Eh mais... je l'ignore ; mon père
Fera près de vous deux tous ses efforts, j'espère ;
Et... nous reparlerions de l'emploi de nos soirs.

M. DE FLORVILLE.

Et, tout en rappelant les soins et les devoirs

Auxquels nous avons vu tant d'heures consacrées,
Nous passerions encor de bien douces soirées.

Mlle. D'ORFEUIL.

Mais voici l'étranger.

M. DE FLORVILLE.

Il est toujours riant.

Mlle. D'ORFEUIL.

Oui...

M. DE FLORVILLE (à part.)

Comme elle paroît émue en le voyant!

SCÈNE III.

Les précédens, M. D'ORLANGE.

M. D'ORLANGE.

D'un aimable entretien je crains de vous distraire,
D'être importun.

M. DE FLORVILLE.

Monsieur est bien sûr du contraire.

M. D'ORLANGE.

Moi! point du tout, d'honneur! je puis être indiscret:
Je sens qu'en pareil cas, un tiers me gêneroit.

M. DE FLORVILLE (à part.)

Fort bien! vous allez voir que c'est moi qui le gêne!

M. D'ORLANGE (à Florville.)

Je suis un paresseux; mais j'en porte la peine:

Vous m'avez prévenu.

M. DE FLORVILLE.

Bien plus heureusement,
Vous me sûtes hier prévenir...

M. D'ORLANGE.

D'un moment,
Ma venue en ces lieux a devancé la vôtre.
Ah ! nous sommes, Monsieur, bienheureux l'un et l'autre !
Eus-je tort, quand hier je vous félicitai ?
Le portrait que j'ai fait vous paroît-il flatté ?

M. DE FLORVILLE.

Il s'en faut bien.

Mlle. D'ORFEUIL.

Messieurs, épargnez-moi, de grâce ;
Ou vous m'obligerez...

M. DE FLORVILLE.

Une telle menace
Nous impose silence.

M. D'ORLANGE.

Oui, changeons de sujet.
Il faut que je vous conte un rêve que j'ai fait.
Ce qui frappe le jour, la nuit nous le rappelle.
Ainsi je rêvois donc à vous, Mademoiselle.
Je vous voyois partout, au château, dans le bois ;
Et je vous voyois... telle enfin que je vous vois.
De cette vision mon âme étoit charmée.
Mais quoi ! je sens mes yeux se remplir de fumée.
Je les ouvre : je vois quelque lueur briller :
J'entends même de loin la flamme pétiller.

Inquiet , de mon lit aussitôt je m'élance,
Et je vais voir... partout règne un profond silence.
Un instinct me conduit à votre appartement.

M.   DE   FLORVILLE.

Cet instinct est heureux.

M.   D'ORLANGE.

Oui , le feu , justement,
Avoit pris , par malheur, près de Mademoiselle ,
Chez Justine.

Mlle.   D'ORFEUIL.

Ah ! bon Dieu !

M.   D'ORLANGE.

Faites grâce à mon zèle.
On est bien dispensé de politesse , alors.
Je pousse votre porte , et , redoublant d'efforts,
Je l'enfonce... Déjà vous étiez éveillée,
D'une robe légère à la hâte habillée :
Je vous prends dans mes bras... nouvelle excuse encor :
Je veux vous emporter au fond du corridor.
Mais , quoi ? déjà la flamme en barroit le passage.

M.   DE   FLORVILLE.

Que faire ?

M.   D'ORLANGE (*à mademoiselle d'Orfeuil.*)

Mon manteau vous couvre le visage,
Même aux dépens du mien : moi , je risquois si peu !
Je vous enlève enfin, tout au travers du feu ,
Et vais vous déposer, aussi morte que vive,
Dans la cour, où bientôt Monsieur lui-même arrive,
Suivi de votre père : il s'en étoit chargé ;
Car tous deux , entre nous , nous avions partagé

Le bonheur de sauver cette chère famille :
Monsieur portoit le père, et je portois la fille.

M. DE FLORVILLE.

Tout en rêvant, Monsieur, vous choisissez fort bien.
Ce poids est plus léger et plus doux que le mien.

Mlle. D'ORFEUIL.

En ce cas, qui jamais n'arrivera, j'espère,
C'est me servir le mieux, que de sauver mon père.

M. D'ORLANGE.

Oh ! j'aurois eu le temps de vous sauver tous deux.
Vous reprenez vos sens, et vous ouvrez les yeux.
Le plaisir me réveille en sursaut ; je me lève,
Et je vois à regret que ce n'étoit qu'un rêve.

Mlle. D'ORFEUIL.

Mille grâces, Monsieur, d'un si généreux soin :
Mais il vaut encor mieux n'en avoir pas besoin.

____

SCÈNE IV.

Les précédens, M. D'ORFEUIL.

M. D'ORFEUIL (*de loin.*)

Messieurs, vous paroissez en bonne intelligence.
Les voyageurs entre eux font bientôt connoissance.

M. D'ORLANGE.

C'est ce que je disois.

M. DE FLORVILLE.

    Et surtout on la fait

Si vîte avec Monsieur !

M. D'ORFEUIL.

    Oui, d'abord, en effet

J'ai vu que nos humeurs étoient bien assorties.

M. D'ORLANGE.

Monsieur !...

M. D'ORFEUIL.

Ah ! c'est qu'il est d'heureuses sympathies,
Hein ?... qu'en dis-tu, ma fille ?

Mlle. D'ORFEUIL.

Oui, sans doute, il en est.
Mon père, je le sens...

M. D'ORFEUIL.

Ta franchise me plaît.

M. DE FLORVILLE (*à part.*)

Je joue ici vraiment un joli personnage.

M. D'ORFEUIL.

Avez-vous vu, Messieurs, mon petit apanage ?

M. DE FLORVILLE.

Oui, ce matin, partout je me suis promené.

M. D'ORFEUIL.

Il faut que je vous montre, avant le déjeuné,
Des oiseaux, des faisans que j'aime à la folie.

M. D'ORLANGE.

Monsieur sera charmé de la faisanderie.

M. D'ORFEUIL.

Bon ! vous l'avez vue ?

M. D'ORLANGE.

Oui, j'en sors.

M. D'ORFEUIL (*à part.*)

Il l'entend bien.
Il veut avec sa femme avoir un entretien.

(*Haut.*)

En ce cas, vous allez rester avec ma fille.
(*A Florville.*)
Vous, Monsieur, venez voir ma petite famille.

Mlle. D'ORFEUIL (*à d'Orlange.*)

Monsieur la reverroit peut-être avec plaisir.

M. D'ORLANGE.

Oh! mon Dieu, point du tout; je l'ai vue à loisir.

Mlle. D'ORFEUIL.

Mais ne vous gênez point ; car vous craignez la gêne.

M. D'ORLANGE.

Eh! non, depuis une heure, au moins, je me promène.

M. D'ORFEUIL (*à d'Orlange.*)

Vous êtes las : d'ailleurs, nous reviendrons bientôt.

M. D'ORLANGE.

Ne vous pressez point trop : voyez tout comme il faut.

M. DE FLORVILLE.

Mais... cette promenade, on pourroit la remettre.

M. D'ORFEUIL.

Non, voilà le moment. Monsieur veut bien permettre.
Venez, vous allez voir quelque chose de beau.

M. DE FLORVILLE (*saluant mademoiselle
d'Orfeuil.*)

Il n'étoit pas besoin de sortir du château.

(*Il sort avec M. d'Orfeuil.*)

SCÈNE V.

Mlle. D'ORFEUIL, M. D'ORLANGE.

M. D'ORLANGE.

Au fait, je n'ai rien vu de tout cela : qu'importe ?

Mlle. D'ORFEUIL.

Pourquoi donc, en ce cas, feignez-vous de la sorte ?

M. D'ORLANGE.

J'ai si peu de momens à passer près de vous !
Et j'irai perdre, moi, des instans aussi doux !...

Mlle. D'ORFEUIL.

Eh ! mais, la fiction vous paroît familière,
Monsieur.

M. D'ORLANGE.

Ah ! pardonnez : ce sera la dernière.
J'ai bien vu des châteaux pareils à celui-ci,
Mais rien de comparable à ce qu'on voit ici.

Mlle. D'ORFEUIL.

Je croyois que Monsieur aimoit la promenade.

M. D'ORLANGE.

D'accord ; mais tel plaisir est insipide et fade,
Près d'un plaisir plus grand. Je l'aime, j'en convien ;
Mais j'aime encore mieux un touchant entretien...
Non pas celui d'hier : oubliez-le, de grace,
Tel qu'un songe léger que le réveil efface :

Car je suis bien changé depuis hier.

Mlle. D'ORFEUIL.

Sitôt ?

Je ne le croyois pas.

M. D'ORLANGE.

Ah ! souvent, il ne faut
Qu'un instant, qu'un coup d'œil. Une seule étincelle
Cause un grand incendie. Hier, Mademoiselle,
J'étois un voyageur, distrait, toujours errant,
Qui jamais ne se fixe, et voit tout en courant.
Mais ce matin...

Mlle. D'ORFEUIL.

Hé bien ?

M. D'ORLANGE.

Quelle métamorphose
Vient de se faire en moi ! Je suis... hélas ! je n'ose
Dire ce que je suis. Si vous pouviez !

Mlle. D'ORFEUIL.

Pardon :
De deviner, Monsieur, je n'eus jamais le don.

M. D'ORLANGE.

Mon secret est pourtant bien facile à comprendre.

Mlle. D'ORFEUIL.

En ce cas, ce n'est pas à moi qu'il faut l'apprendre ;
Et puisque vous voulez enfin vous déclarer,
Faites-le ; jusque-là, je dois tout ignorer.

(*Elle sort.*)

SCÈNE VI.

M. D'ORLANGE (*seul.*)

Cette espèce d'aveu n'a point paru déplaire ;
Du moins, elle n'a pas témoigné de colère.
Cependant, je ne suis qu'un simple voyageur.
Même à voir de son front la subite rougeur,
Et la mélancolie en sès regards empreinte,
Du trait qui m'a blessé j'ose la croire atteinte :
J'admire, en vérité, l'avenir qui m'attend.
Il est flatteur... Oui , mais... quand j'y songe pourtant,
Si ce nouvel amour, si ce doux hyménée ,
Bornoient, en son essor, ma haute destinée !
Car , à juger d'après ce qui m'est arrivé ,
Aux grands événemens je me sens réservé.
Je puis me faire un nom , et, dans mon Ministère ,
Servir le Roi , l'État, pacifier la terre.
De quelque emploi brillant je puis me voir chargé ,
Et de nouveau peut-être il faudra voyager.
Sans vouloir pénétrer dans les choses futures ,
Les voyages sur mer sont remplis d'aventures.

　　　　(*Arrivant par degres à une espece de rêverie
　　　　et de vision.*)

Le vaisseau , sur lequel je m'étois embarqué ,
Par un corsaire Turc , en route , est attaqué...
Je défends , presque seul , mon timide équipage...
Mais enfin , le grand nombre accable mon courage ,
Et je me rends... Les Turcs , charmés de ma valeur ,
Me proclament leur chef, à la place du leur,

　　　　　　　　　　　　　　Qu'avoit

Qu'avoit tué mon bras. Le sort me favorise :
Je signale leur choix par mainte et mainte prise ,
Et parviens , par degrés , à de très-hauts emplois....
Le Capitan–Pacha , jaloux de mes exploits ,
Me dénonce au Visir ; il prétend qu'on me chasse...
On le chasse lui-même , et je monte à sa place...
— « Pacha, dit le Visir, les Russes sont là ; cours ,
» Et bats-les : » je les bats ; puis je prends , en trois jours,
Ismaïlow, Okzakow , Crimée et Valachie...
Mon nom devient fameux par toute la Turquie...
Le Sultan , qui dans moi voit son plus ferme appui ,
Me fait son gendre : il meurt ; et je règne après lui.

(*Au comble du délire.*)

Me voilà donc le chef de la Sublime Porte !....
Mais ma Religion , mais mon Culte !... Qu'importe
La Mitre , le Turban , tous les Cultes divers ?
Mon dogme est d'adorer le Dieu de l'univers.
Il est celui des Turcs ; et tous , à mon exemple ,
Vont ne bénir qu'un Dieu, dont le monde est le Temple.
Ce n'est pas que je sois jaloux d'être Empereur :
Mais instruire un grand peuple et faire son bonheur ,
Voilà la gloire unique , oui... (1)

---

(1) Voyez la Variante qui est à la suite des *Châteaux en Espagne.*

SCÈNE VII.

M. D'ORLANGE, VICTOR.

(N. B. *Victor est déjà entré sur la scène, et sans être vu, a écouté, depuis ces mots*) :

« Le Capitan-Pacha, etc. »

VICTOR (*se prosternant.*)

Sultan !...

M. D'ORLANGE.

Hé bien, qu'est-ce ?

Que veut-on ?

VICTOR.

Au serrail on attend ta Hautesse...

M. D'ORLANGE (*se croyant encore le Grand-Seigneur.*)

Quel est l'audacieux ?...

VICTOR.

La Sultane, à l'instant,

Va servir le café, le sorbet. Elle attend.

M. D'ORLANGE.

Eh mais!... c'est toi, Victor. Malheureux ! tu m'éveilles.

VICTOR.

C'est dommage ; en rêvant, vous faites des merveilles.

Je suis un criminel : je vous ai détrôné.

Pardon. Aussi jamais s'est-on imaginé... ?

M. D'ORLANGE.

Eh ! Victor, chacun fait des châteaux en Espagne :

On en fait à la ville, ainsi qu'à la campagne ;

On en fait en dormant, on en fait éveillé.
Le pauvre paysan, sur sa bêche appuyé,
Peut se croire, un moment, Seigneur de son village.
Le vieillard, oubliant les glaces de son âge,
Se figure aux genoux d'une jeune beauté,
Et sourit ; son neveu sourit de son côté,
En songeant qu'un matin du bonhomme il hérite.
Telle femme se croit Sultane Favorite ;
Un commis est Ministre ; un jeune abbé, Prélat ;
Le Prélat... Il n'est pas jusqu'au simple soldat,
Qui ne se soit un jour cru Maréchal de France ;
Et le pauvre, lui-même, est riche en espérance.

VICTOR.

Et chacun redevient Gros-Jean comme devant.

M. D'ORLANGE.

Hé bien, chacun, du moins, fut heureux en rêvant.
C'est quelque chose encor que de faire un beau rêve.
A nos chagrins réels, c'est une utile trêve.
Nous en avons besoin : nous sommes assiégés
De maux, dont à la fin nous serions surchargés,
Sans ce délire heureux qui se glisse en nos veines.
Flatteuse illusion ! doux oubli de nos peines !
Oh ! qui pourroit compter les heureux que tu fais ?
L'espoir et le sommeil sont de moindres bienfaits.
Délicieuse erreur ! tu nous donnes d'avance
Le bonheur, que promet seulement l'Espérance.
Le doux sommeil ne fait que suspendre nos maux ;
Et tu mets à la place un plaisir : en deux mots,
Quand je songe, je suis le plus heureux des hommes ;
Et dès que nous croyons être heureux, nous le sommes.

VICTOR.

A vous entendre, on croit que vous avez raison.
Un déjeûné pourtant seroit bien de saison ;
Car, en fait d'appétit, on ne prend point le change ;
Et ce n'est pas manger que de rêver qu'on mange.

M. D'ORLANGE.

A propos... il raisonne assez passablement.

(*Il sort.*)

SCÈNE VIII.

VICTOR (*seul.*)

Il est fou... là... se croire un Sultan! seulement!
On peut bien quelquefois se flatter dans la vie.
J'ai, par exemple, hier, mis à la Loterie ;
Et mon billet enfin pourroit bien être bon.
Je conviens que cela n'est pas certain : oh ! non.
Mais la chose est possible, et cela doit suffire.
Puis, en me le donnant, on s'est mis à sourire,
Et l'on m'a dit : « Prenez, car c'est là le meilleur. »
Si je gagnois pourtant le gros lot!... quel bonheur !
J'acheterois d'abord une ample Seigneurie...
Non, plutôt une bonne et grasse métairie,
Oh ! oui ! dans ce canton, j'aime ce pays-ci ;
Et Justine, d'ailleurs, me plaît beaucoup aussi.
J'aurai donc, à mon tour, des gens à mon service !
Dans le commandement je serai peu novice :
Mais je ne serai point dur, insolent, ni fier,
Et me rappellerai ce que j'étois hier.
Ma foi, j'aime déjà ma ferme à la folie.
Moi, gros fermier !... j'aurai ma basse-cour remplie

De poules, de poussins que je verrai courir !
De mes mains, chaque jour, je prétends les nourrir.
C'est un coup d'œil charmant, et puis cela rapporte.
Quel plaisir, quand, le soir, assis devant ma porte,
J'entendrai le retour de mes moutons bêlans,
Que je verrai, de loin, revenir à pas lents,
Mes chevaux vigoureux et mes belles génisses !
Ils sont nos serviteurs, elles sont nos nourrices.
Et mon petit Victor, sur son âne monté,
Fermant la marche avec un air de dignité !
Plus heureux que monsieur... le Grand Turc sur son trône,
Je serai riche, riche, et je ferai l'aumône.
Tout bas, sur mon passage, on se dira : « Voilà
» Ce bon monsieur Victor » ; cela me touchera.
Je puis bien m'abuser ; mais ce n'est pas sans cause :
Mon projet est, au moins, fondé sur quelque chose,

(Il cherche.)

Sur un billet. Je veux revoir ce cher... Eh ! mais...
Où donc est-il ? tantôt encore je l'avois.
Depuis quand ce billet est-il donc invisible ?
Ah ! l'aurois-je perdu ? seroit-il bien possible ?
Mon malheur est certain : me voilà confondu.

(*Il crie.*)

Que vais-je devenir ? Hélas ! j'ai tout perdu.

SCÈNE IX.

VICTOR, JUSTINE.

JUSTINE.

Qu'avez-vous donc perdu, Monsieur ?

VICTOR.

Ma métairie.

JUSTINE.

Votre?...

VICTOR.

Ah ! Mademoiselle, excusez, je vous prie ;
Venez m'aider, de grâce, à retrouver nos fonds.

JUSTINE.

Vos fonds ? expliquez-vous.

VICTOR.

Venez, je vous réponds
Que vous vous obligez vous-même la première.
Nous sommes ruinés, madame la Fermière.

(*Ils sortent ensemble.*)

FIN DU TROISIÈME ACTE.

ACTE IV.

SCÈNE PREMIÈRE.

M. D'ORFEUIL, M. D'ORLANGE.

M. D'ORLANGE (*l'amène mystérieusement.*)

Bon. Je puis donc ici vous parler sans témoin ,
Et vous ouvrir mon cœur ; car j'en ai grand besoin.

M. D'ORFEUIL (*sourit.*)

Quel est donc ce mystère ?

M. D'ORLANGE.

       Ah ! si vous pouviez lire
Dans ce cœur !...

M. D'ORFEUIL (*toujours de même.*)

      Vous avez quelque chose à me dire,
Je le vois ; mais saurai-je à la fin ce secret ?

M. D'ORLANGE.

Oui ; c'est assez long-temps avoir été discret.

M. D'ORFEUIL.

Sans doute ; puis, pour vous je suis porté d'avance ,
Et je vous saurai gré de votre confiance.

M. D'ORLANGE.

Hé bien, puisque je peux librement m'exprimer ,
Votre chère Henriette a trop su me charmer.

M. D'ORFEUIL.

Vraiment!

M. D'ORLANGE.

Elle est aimable, et moi je suis né tendre :
En un mot, je l'adore ; et si j'osois prétendre
A sa main, cet hymen feroit tout mon bonheur.

M. D'ORFEUIL.

Monsieur... assurément vous me faites honneur.

M. D'ORLANGE.

Vous trouvez ma demande un peu prompte, peut-être ;
Mais il est naturel de se faire connoître.

M. D'ORFEUIL.

Bon !

M. D'ORLANGE.

Mon nom...

M. D'ORFEUIL.

M'est connu.

M. D'ORLANGE.

Mon oncle...

M. D'ORFEUIL.

C'est assez ;
Abrégeons un détail inutile : avancez.

M. D'ORLANGE.

Mais...

M. D'ORFEUIL.

Je connois fort bien toute votre famille.
Vous dites donc, Monsieur, que vous trouvez ma fille...?

M. D'ORLANGE.

Ah! Monsieur, adorable.

M. D'ORFEUIL.

Allons, j'en suis charmé ;
Et d'elle, à votre tour, croyez-vous être aimé ?

M. D'ORLANGE.

Je m'en flatte.

M. D'ORFEUIL.

Moi–même aussi je le soupçonne.
Écoutez, je vais voir notre jeune personne ;
J'espère que tous trois serons bientôt d'accord.
Car si vous lui plaisez, vous me convenez fort.

(*Il sort.*)

M. D'ORLANGE.

Et vous aussi, Monsieur.

SCÈNE II.

M. D'ORLANGE (*seul.*)

Mais comme tout s'arrange !
J'aime, je plais, j'épouse... O trop heureux d'Orlange !
Qui m'auroit dit hier, lorsque je m'égarois,
Qu'au maître de ces lieux bientôt j'appartiendrois ?
Qu'en ce château, moi-même ?... il est un peu gothique :
Mais je rajeunirai cet édifice antique.
Le père est un brave homme, il entendra raison ;
Car je suis, à peu près, maître de la maison.
Ces grands appartemens sont vraiment détestables.
Nos bons aïeux étoient des gens fort respectables ;
Mais ils ne savoient pas distribuer jadis.
Dans cette pièce, moi, je vous en ferai dix.

Passons dans le jardin ; car c'est là que je brille.
Je fais ôter d'abord cette triste charmille...
Quoi ! je fais tout ôter. Nous avons du terrain :
Voilà tout ce qu'il faut pour créer un jardin.
J'en ai fait vingt ; ils sont tous dans mon portefeuille.
Entre mille sentiers bordés de chèvre-feuille,
Il en est un, bien sombre : on n'y voit rien du tout ;
Et l'on est étonné, quand on arrive au bout,
De voir... Qu'y verra-t-on ? un Amour, un vieux temple ?
Un kiosque ! oh ! non, rien d'étonnant ; par exemple,
Un petit pavillon, au dehors tout uni,
Plus modeste en dedans ; le luxe en est banni :
On gâte la nature, et moi je la respecte.
Du pavillon, moi seul, je serai l'architecte :
Je serai jardinier aussi ; je planterai
Des arbrisseaux, des fleurs : je les arroserai ;
Car j'aurai sous ma main une source d'eau pure,
Et tout autour de moi la plus belle verdure !...
De ce lieu, tout mortel est d'avance exilé.
Mon beau-père et ma femme en auront seuls la clé.
Là, je rêve, je lis ; tapi dans ma retraite,
Je vois, du coin de l'œil, la timide Henriette
Qui vient pour me surprendre, et marche à petit bruit,
Retenant son haleine ; elle ouvre et s'introduit.
Ah ! si la solitude est douce en elle-même,
Je sens qu'elle est plus douce auprès de ce qu'on aime.

SCÈNE III.

M. D'ORLANGE, Mlle. D'ORFEUIL, JUSTINE.

M. D'ORLANGE.

Le ciel, Mademoiselle, a comblé tous mes vœux :
A votre père ici j'ai déclaré mes feux.

Mlle. D'ORFEUIL.

Oui, Monsieur, je le sais.

M. D'ORLANGE.

           L'impatience est grande ;
Mais vous m'aviez permis de faire la demande.

JUSTINE.

Il ne faut pas vous dire une chose deux fois.

M. D'ORLANGE.

Non vraiment. Et ma noce ! oh ! d'ici je la vois.
Tous les préparatifs sont déjà dans ma tête.
Un aimable désordre embellira la fête :
Repas champêtre et gai, des danses, des chansons,
Des enfans, des vieillards, les filles, les garçons ;
Je veux que de leurs cris tout le bois retentisse.
Le soir, Spectacle, jeu, concert, feu d'artifice ;...
Que vous dirai-je enfin ? tout ce qu'on peut avoir.

JUSTINE.

Mon Dieu ! que tout cela sera charmant à voir !
Hâtez donc, ma maîtresse, une aussi belle noce.

Mlle. D'ORFEUIL.

Mais le plan, ce me semble, en est un peu précoce.
Le jour n'est pas si près...

M. D'ORLANGE.

Il n'est, je crois, pas loin.
(*Voyant arriver Florville.*)
Je veux que mon ami, d'ailleurs, en soit témoin.

SCÈNE IV.

Les précédens, M. DE FLORVILLE.

M. DE FLORVILLE (*qui a entendu le dernier*
vers.)

Je vous suis obligé.

Mlle. D'ORFEUIL.

Pardon, je me retire ;
J'obéirai, c'est tout ce que je puis vous dire.

M. D'ORLANGE.

Ah ! c'est en dire assez.

(*Mademoiselle d'Orfeuil sort avec Justine.*)

SCÈNE V.

M. D'ORLANGE, M. DE FLORVILLE.

M. D'ORLANGE.

Vous le voyez, mon cher !
Cela s'entend, je crois.

M. DE FLORVILLE.

Oh ! oui, rien n'est plus clair.

Mais cette affaire-ci s'est menée un peu vîte.

M. D'ORLANGE.

En effet. A ma noce, au moins, je vous invite.

M. DE FLORVILLE.

Mille grâces, Monsieur : je repars à l'instant.

M. D'ORLANGE.

Quoi ! vous partez? sur vous j'avois compté pourtant.

M. DE FLORVILLE.

En vérité... je suis on ne peut plus sensible...

M. D'ORLANGE.

Faites-moi ce plaisir.

M. DE FLORVILLE.

Il ne m'est pas possible.

M. D'ORLANGE.

Félicitez-moi donc, je vous prie.

M. DE FLORVILLE.

En effet,

Vous êtes fort heureux : enfin, il se pouvoit
Qu'Henriette déjà fût promise à quelqu'autre.
Qu'auriez-vous fait alors ?

M. D'ORLANGE.

Quel scrupule est le vôtre ?

Je trouverois, d'honneur ! on ne peut plus plaisant
De supplanter d'abord, presque chemin faisant,
Quelque futur époux qui ne s'en doute guère :
Toute ruse est permise, en amour comme en guerre.

M. DE FLORVILLE.

Fort bien : mais c'est blesser pourtant les droits d'autrui.

M. D'ORLANGE.

Est-ce ma faute, à moi, si je plais mieux que lui ?

M. DE FLORVILLE.

Mais ce futur époux se fût montré peut-être.

M. D'ORLANGE.

Tant mieux : j'aurois été charmé de le connoître.

M. DE FLORVILLE (*faisant un geste.*)
Et... si ?...

M. D'ORLANGE.

Je vous entends : je ne me bats pas mal.
Je suis même en état d'épargner mon rival :
Je ne le tûrois point.

M. DE FLORVILLE.

Vous êtes bien honnête :
S'il vous tuoit ?

M. D'ORLANGE.

Hé bien, si le destin m'apprête
Une si belle mort, soit ; je m'y dévoûrai,
Monsieur ; par deux beaux yeux heureux d'être pleuré !
Mais c'est mal à propos s'inquiéter sans doute.
C'est mettre tout au pis ; car je veux qu'il m'en coûte
Une blessure ou deux : je ne m'en plaindrai pas,
Et ma blessure même a pour moi mille appas.
Lentement, du château je regagne la porte ;
Ou, si je ne le puis, mon valet m'y rapporte.
Lorsque l'on est blessé, qu'on est intéressant !
Peut-être... le Beau Sexe est si compatissant !
De sa main... pourquoi non ? jadis les Demoiselles
Soignoient les Chevaliers qui se battoient pour elles.
Mon Henriette est tendre ! oui, le matin, le soir,
Auprès de son malade elle viendra s'asseoir.

Bayard fut, comme moi, blessé, malade à Bresse :
Mais Bayard près de lui n'avoit point sa maîtresse.
La mienne à mon chevet s'établira : je croi
Qu'elle fera monter son clavecin chez moi.
Tantôt d'un roman tendre elle fait la lecture,
Et nous nous retrouvons dans plus d'une peinture.
Un jour... il m'en souvient, en un endroit charmant,
Ma lectrice s'arrête involontairement,
Pousse un soupir, sur moi jette à la dérobée
Un regard!... de ses yeux une larme est tombée.
Ah! si je suis malade, elle n'est guère mieux ;
Et mon état, vraiment, est si délicieux,
Que je voudrois, je crois, ne guérir de ma vie.

M. DE FLORVILLE.

D'être malade ainsi vous donneriez l'envie.
Vous voyez l'avenir comme on voit le passé.
Mais quoi! si par malheur vous n'étiez pas blessé ?

M. D'ORLANGE.

Bon! rien de tout ceci n'arrivera peut-être ;
Et ce futur époux est bien loin de paroître.
Mais de votre départ je suis très-affligé ;
Car vous m'êtes si cher !...

M. DE FLORVILLE.

        Je vous suis obligé.
Je vais prendre à l'instant congé...

M. D'ORLANGE.

        De mon beau-père ?

M. DE FLORVILLE.

Oui, Monsieur.

M. D'ORLANGE.

      Nous pourrons nous retrouver, j'espère,

Quelque part... dans l'Europe, en un mot, nous revoir.

M. DE FLORVILLE.

Je ne sais...

M. D'ORLANGE.

       Je serois enchanté de pouvoir
Vous être utile.

M. DE FLORVILLE.

     Eh mais...

M. D'ORLANGE.

           Obliger ceux qu'on aime,
Qu'on estime surtout, c'est s'obliger soi—même.

M. DE FLORVILLE.

Monsieur...

M. D'ORLANGE (*frappé tout à coup d'une idée.*)

      Mais, à propos, ne vous tenez pas loin.
D'un honnête homme, un jour, je puis avoir besoin.
Je ne m'explique pas ; mais j'ai sur vous des vues...
N'en dites mot. Adieu.

(Il sort.)

SCÈNE VI.

M. DE FLORVILLE (*seul.*)

      Mais je tombe des nues.
Il épouse, et je suis éconduit ! Je le voi :
C'est que probablement on l'aura pris pour moi.
Je pourrois, d'un seul mot, me faire reconnoître...
Mais non, elle aime l'autre ; il est trop tard peut-être ;

Et

Et je l'affligerois, sans être plus heureux.
Cet hymen, cependant, eût comblé tous mes vœux.
Le père me convient, et la jeune personne
Est charmante : il est vrai qu'elle se passionne
Un peu vîte... Eh ! pourquoi me suis-je déguisé ?
Pour ce Monsieur, vraiment, le triomphe est aisé.
Un autre, là-dessus, lui chercheroit querelle...
Mais pourquoi ? sa méprise est assez naturelle...
Il arrive ; on lui fait un gracieux accueil ;
Il aime, et croit avoir plu du premier coup d'œil.
Laissons-lui son erreur ; elle est trop agréable,
Et deviendra bientôt un bonheur véritable.
Ah ! puisqu'excepté moi, tout le monde est content,
Ne dérangeons personne, et partons à l'instant.
Oui...

SCÈNE VII.

M. DE FLORVILLE, M. D'ORFEUIL.

M. DE FLORVILLE.

Monsieur, recevez mes adieux...

M. D'ORFEUIL.

Bon ! qu'entends-je ?

Vous partez ?

M. DE FLORVILLE.

A l'instant.

M. D'ORFEUIL.

Mais quel dessein étrange !
Vous n'en avez rien dit, à déjeuné.

M. DE FLORVILLE.

Depuis,

Je me suis consulté, Monsieur ; et je ne puis
Trop tôt, je le sens bien, continuer ma route.

M. D'ORFEUIL.

Bon ! avant de partir, vous dînerez, sans doute ?

M. DE FLORVILLE.

Mille grâces : il faut que je parte à l'instant.

M. D'ORFEUIL.

Je crains d'être indiscret, Monsieur, en insistant.
Mais, quelques jours plus tard, vous verriez une chose...
Qui vous plairoit.

M. DE FLORVILLE.

J'ai fait une assez longue pause.

De m'amuser, Monsieur, je n'ai point le loisir,
Et ne pourrois d'autrui que troubler le plaisir.

M. D'ORFEUIL.

Vous êtes bien méchant.

SCÈNE VIII.

Les précédens, Mlle. D'ORFEUIL.

M. D'ORFEUIL.

Ah ! Croirois-tu, ma chère,

Que Monsieur veut partir ?

Mlle. D'ORFEUIL (avec un peu de dépit.)

Apparemment, mon père,

Monsieur a des raisons pressantes...

M. DE FLORVILLE.

Je n'en ai

Qu'une, mais qui m'oblige à partir sans délai.

M. D'ORFEUIL.

Si vous aviez passé seulement la journée,
Nous aurions fait la plus agréable tournée,
Dans mes prés, dans mes bois, tous les quatre, ce soir!...

M. DE FLORVILLE.

J'ai vu tout, ce matin.

M. D'ORFEUIL.

Vous n'avez pu tout voir.

M. DE FLORVILLE.

J'ai vu ce qui pouvoit me toucher davantage.

M. D'ORFEUIL.

Vous ne connoissez point les moulins, l'ermitage...

M. DE FLORVILLE.

Ce n'est pas là ce qui m'intéressoit le plus.

Mlle. D'ORFEUIL.

Mon père, nous faisons des efforts superflus.

M. DE FLORVILLE (à part.)

Quelle froideur extrême!

Mlle. D'ORFEUIL (à part.)

Ah! quelle indifférence!

M. D'ORFEUIL.

J'ose vous demander, du moins, la préférence,
Au retour.

M. DE FLORVILLE.

Pardonnez... je voyage si peu!

Je dis à ce pays un éternel adieu.

Mlle. D'ORFEUIL.

Ce matin même encore, il paroissoit vous plaire.

M. DE FLORVILLE.

J'emporte, en le quittant, un regret bien sincère.
Croyez qu'en ce paisible et champêtre séjour,
J'aurois voulu, Monsieur, demeurer plus d'un jour.
Mais je ne suis pas fait pour être heureux, sans doute.

Mlle. D'ORFEUIL (*à part.*)

Ni moi non plus. Combien un tel effort me coûte !

M. DE FLORVILLE (*à part.*)

La force m'abandonne : il faut quitter ces lieux.

(*Haut.*)

C'en est trop ; je m'oublie en ces touchans adieux !

M. D'ORFEUIL.

Je vais...

M. DE FLORVILLE.

De grâce...

M. D'ORFEUIL.

Au moins, jusqu'à votre voiture...

M. DE FLORVILLE.

Non, ne me suivez pas, Monsieur, je vous conjure.
Mille remercîmens de vos généreux soins.
Adieu, Mademoiselle ; et puissiez-vous, du moins,
Puissiez-vous, dans l'hymen qui pour vous se prépare,
Rencontrer le bonheur ! bonheur, hélas, si rare !
Et que vous avez droit cependant d'espérer !

M. D'ORFEUIL.

Aussi l'espérons-nous, j'ose vous l'assurer :
Ce que vous souhaitez, est une affaire faite.

M. DE FLORVILLE.

Déjà ? Mademoiselle est donc bien satisfaite ?

M. D'ORFEUIL.

On ne peut plus. Voyez : elle rougit.

M. DE FLORVILLE.

                              Je vois.
Adieu, Monsieur, adieu, pour la dernière fois.
                        (*Il sort.*)

SCÈNE IX.

M. D'ORFEUIL, Mlle. D'ORFEUIL.

M. D'ORFEUIL.

Ce jeune homme est honnête, il faut que j'en convienne :
Mais il a l'humeur sombre ; et ce n'est pas la mienne.

Mlle. D'ORFEUIL.

Il a quelques chagrins.

M. D'ORFEUIL.

                    Il pouvoit les cacher :
Ce n'est pas nous, je crois, qui l'avons pu fâcher.

Mlle. D'ORFEUIL.

Il est honnête, au fond. Je lui crois l'âme tendre,
Un esprit délicat.

M. D'ORFEUIL.

                Va, j'aime mieux mon gendre.
Quel air ouvert et franc ! comme il est toujours gai !
Quel aimable babil ! quelle grâce !

Mlle. D'ORFEUIL.

                              Il est vrai
Qu'il a de l'enjoûment, surtout de la franchise.
Mais j'aurois souhaité, s'il faut que je le dise,

Qu'il eût moins d'amour-propre et de légèreté ,
Plus de réflexion , de sensibilité ;
Tendre penchant qui sied si bien aux belles ames !
En un mot, je voudrois...

M. D'ORFEUIL.

Vous voilà bien, Mesdames!

Vous souhaitez toujours ce que vous n'avez pas.
Moi, du gendre que j'ai je fais le plus grand cas.
Mais le voici.

Mlle. D'ORFEUIL.

Pardon...

M. D'ORFEUIL.

Tu sors ? Eh ! mais, demeure.

Mlle. D'ORFEUIL.

Permettez-moi ; je vais revenir tout à l'heure.

(*Elle sort.*)

SCÈNE X.

M. D'ORFEUIL, M. D'ORLANGE.

M. D'ORFEUIL.

Ah ! mon gendre , bonjour. Je vous trouve à propos.
Je vous ai seulement dit , en courant, deux mots.

M. D'ORLANGE.

Deux mots essentiels ; ils couronnoient ma flamme.

M. D'ORFEUIL.

Je gage qu'à présent, dans le fond de votre ame,
Vous pardonnez, Monsieur, à votre oncle...

M. D'ORLANGE.

Comment !

M. D'ORFEUIL.

Sa lettre vous trahit ; mais c'étoit sûrement
Pour vous rendre service.

M. D'ORLANGE.

Eh mais... daignez permettre...
Car je ne comprends pas : vous parlez d'une lettre
De mon oncle ?

M. D'ORFEUIL.

Eh oui.

M. D'ORLANGE.

Quoi ! mon oncle vous écrit ?

M. D'ORFEUIL.

Oui, votre oncle, lui-même.

M. D'ORLANGE.

Allons donc ! Monsieur rit.

M. D'ORFEUIL.

Mais point du tout.

M. D'ORLANGE.,

O ciel ! que ma surprise est grande !
Est-il bien vrai ?

SCÈNE XI.

Les précédens, VICTOR.

VICTOR (*à M. d'Orfeuil.*)

Monsieur... quelqu'un là-bas demande
A vous parler.

M. D'ORFEUIL.

(*A M. d'Orlange en s'en allant.*)

J'y vais. Oui, j'étois prévenu ;
Et d'avance, mon cher, vous étiez reconnu.
Au revoir.

SCÈNE XII.

M. D'ORLANGE, VICTOR.

M. D'ORLANGE.

Ah ! Victor ! qu'est-ce donc qu'il veut dire ?
Si je l'en crois, mon oncle...

VICTOR.

Hé bien ?

M. D'ORLANGE.

Lui vient d'écrire.

VICTOR.

Bon !

M. D'ORLANGE.

Se peut–il ? comment me savoit–il ici ?
Je ne puis...

VICTOR.

Je m'en vais vous expliquer ceci.
Un oncle a bien écrit, mais ce n'est pas le vôtre ;
Car vous saurez, Monsieur, qu'on vous prend pour un autre.

M. D'ORLANGE.

Pour un autre ! et pour qui ?

VICTOR.

Pour un futur époux ;
Pour celui qui vint hier, deux heures après nous,

Qui repart à l'instant, et vous cède la place.

M. D'ORLANGE.

Que dis-tu ? je m'y perds. Répète donc, de grace...

VICTOR.

Oui, Monsieur : un valet m'apprend qu'un prétendu,
Nommé Florville, étoit d'Abbeville attendu,
En simple voyageur qui venoit pour surprendre.
Vous parûtes; d'abord, on vous prit pour le gendre:
De là, l'aimable accueil dont vous fûtes charmé;
Voilà pourquoi sitôt vous vous crûtes aimé,
Pourquoi vous épousez. Vous passez pour Florville,
Et l'on croit que c'est vous qui venez d'Abbeville.

M. D'ORLANGE.

Ah ! je comprends enfin... J'étois surpris aussi
De voir... Mais quoi ! Florville est encor près d'ici...
Viens, suis–moi.

VICTOR.

Qu'est-ce donc, Monsieur, je vous supplie?

M. D'ORLANGE.

Je vais te l'expliquer.
(*Il sort.*)

VICTOR (*en s'en allant.*)
Encor quelque folie.

FIN DU QUATRIÈME ACTE.

ACTE V.

SCÈNE PREMIÈRE.

M. D'ORLANGE (*seul.*)

VICTOR est donc parti! je crois qu'il l'atteindra;
Et s'il l'atteint, sans doute il le ramenera.
Mon billet est pressant. Je fais un sacrifice,
Cruel, mais qu'après tout, il falloit que je fisse.
D'une méprise, moi, je ne puis abuser.
Cet homme est le futur; c'est à lui d'épouser.
Florville épousera, car j'en fais mon affaire.
Je n'ai qu'une frayeur, et c'est d'avoir su plaire.
Mais Florville est fort bien. Il a d'ailleurs des droits.
Puis, je vais disparoître. Avec le temps, je crois,
On pourra m'oublier... comme amant; car sans doute
De ce château souvent je reprendrai la route;
Il est si doux de voir les heureux qu'on a faits!
Ah! l'accueil qui m'attend paîra tous mes bienfaits.
Dès qu'on me voit, ce sont des transports d'alégresse!...
On vole à ma rencontre, on accourt, on s'empresse,
Et le père, et le gendre, et les petits enfans.
Henriette me dit... que ces mots sont touchans!
« Mon ami, vous voyez la plus heureuse mère!...
» Je vous dois mon bonheur, mes enfans et leur père. »
Serois-je plus heureux, si j'étois son époux?
Quelqu'un vient : c'est le père, allons, amusons-nous,
En attendant Victor.

SCÈNE II.

M. D'ORFEUIL, M. D'ORLANGE.

M. D'ORFEUIL.

Vous voulez bien permettre?...
Vous rêvez, ce me semble.

M. D'ORLANGE.

Oui, je rêve...

M. D'ORFEUIL.

A la lettre?
A cet oncle indiscret?

M. D'ORLANGE.

Mais, en effet, Derval
A trahi son neveu pour vous; c'est assez mal.

M. D'ORFEUIL.

Vous pouvez l'accuser, mais je ne puis m'en plaindre :
Car pourquoi le neveu s'avise-t-il de feindre ?

M. D'ORLANGE.

Il avoit ses raisons pour en user ainsi.

M. D'ORFEUIL.

Pour le trahir, son oncle eut les siennes aussi.
Savez-vous bien, Monsieur, qu'en gardant l'anonyme,
De son propre artifice on est souvent victime?

M. D'ORLANGE.

Oui, le gendre, en effet, pouvoit vous échapper :
Mais, Monsieur, il n'est pas aisé de vous tromper !

M. D'ORFEUIL.

J'en conviens... A propos, parlons de mariage,
L'objet de vos désirs et de votre voyage.

M. D'ORLANGE.

Pour une telle fête on viendroit de plus loin.
J'ai dépêché Victor pour cela : j'ai besoin
De son retour.

M. D'ORFEUIL.

J'entends.

M. D'ORLANGE.

           Tenez , je suis sincère ,
Je sens que l'étranger nous étoit nécessaire;
Et j'ai regret de voir qu'il se soit en allé.

M. D'ORFEUIL.

J'en suis fàché ; mais quoi, je m'en suis consolé.

M. D'ORLANGE.

Ce Monsieur gagneroit à se faire connoître.

M. D'ORFEUIL.

Je ne sais.

M. D'ORLANGE.

En ces lieux il reviendra peut-être.

M. D'ORFEUIL.

J'ai fait de vains efforts pour obtenir ce point.

M. D'ORLANGE.

Je serois très-fâché, s'il ne revenoit point.

M. D'ORFEUIL.

Parlons de vous , Florville : allons , plus de d'Orlange.

M. D'ORLANGE.

Si Florville est heureux, je ne perds point au change.

M. D'ORFEUIL.

Ni ma fille non plus ; justement, la voici.

SCÈNE III.

**M. D'ORLANGE, Mlle. D'ORFEUIL,
M. D'ORFEUIL.**

M. D'ORFEUIL (*à sa fille.*)

Hé bien, voilà Florville, et tout est éclairci.

Mlle. D'ORFEUIL.

Il est vrai.

M. D'ORFEUIL.

Tu dois donc enfin être contente.

Mlle. D'ORFEUIL.

Mon père....

M. D'ORLANGE.

Si l'effet répond à mon attente,
Je crois que vous n'aurez plus rien à désirer.

M. D'ORFEUIL.

Bon. Pour la noçe, moi, je vais tout préparer.
Je vous laisse tous deux; car vous avez, je pense,
A vous faire en secret, plus d'une confidence.

M. D'ORLANGE.

Ah! oui.

(*M. d'Orfeuil sort.*)

SCÈNE IV.

Mlle. D'ORFEUIL, M. D'ORLANGE.

M. D'ORLANGE (*à part.*)

De mon rival servons les intérêts.

Mlle. D'ORFEUIL (*à part.*)

C'en est fait ; écartons d'inutiles regrets.

M. D'ORLANGE.

Florville, en se montrant, peut-il aussi vous plaire ?

Mlle. D'ORFEUIL.

Je suivrai, sur ce point, les ordres de mon père.

M. D'ORLANGE.

Cela ne suffit pas, non : vous voyez en moi
Votre futur époux, vous l'acceptez : mais quoi,
Si je ne l'étois point ?

Mlle. D'ORFEUIL.

        Eh mais, Monsieur, vous l'êtes.

M. D'ORLANGE.

Je vais vous confier mes alarmes secrètes.

Mlle. D'ORFEUIL (*vivement.*)

Vos alarmes, Monsieur? quel sujet ?....

M. D'ORLANGE.

           Entre nous,
Je crains de n'être pas assez digne de vous.

Mlle. D'ORFEUIL.

Vous êtes trop modeste.

M. D'ORLANGE.

        Ah! je me rends justice.
J'ai, car d'avance il faut que je vous avertisse,

Mille défauts, d'honneur! pour un mari, s'entend.
Je me connois; je suis vif, volage, inconstant;
Et capricieux même, il faut que je le dise.

Mlle. D'ORFEUIL.

Vous avez le mérite, au moins, de la franchise.

M. D'ORLANGE.

C'est en me comparant avec l'autre étranger,
Que je me suis trouvé vain, étourdi, léger...
Ce jeune homme est vraiment on ne peut plus aimable;
Qu'en dites-vous?

Mlle. D'ORFEUIL.

Il est tout-à-fait estimable.
(A part.)
Voudroit-il m'éprouver?

M. D'ORLANGE.

Eh! voilà ce qu'il faut....,
Dans un époux. Tenez, je l'observois tantôt.
Ses discours sont remplis de raison, de justesse;
Ils respirent la grâce et la délicatesse :
Je vous assure enfin qu'il vaut bien mieux que moi.

Mlle. D'ORFEUIL.

Vous plaisantez...

M. D'ORLANGE.

Moi! non, je suis de bonne foi.
A vos charmans attraits j'ai cru le voir sensible :
Qui ne le seroit pas ?... Et s'il étoit possible
Que lui-même, à son tour, il eût pu vous toucher;
Dites-le : je suis homme à l'envoyer chercher...

Que vous dirai-je enfin ? à lui céder moi-même
Tous mes droits..., si j'en ai.

Mlle. D'ORFEUIL.

Quelle noblesse extrême !
Mais, encore une fois, il n'est plus question
De vain déguisement, de supposition ;
Et quant à l'étranger dont vous parlez sans cesse,
Cet éloge suppose un soupçon qui me blesse,
Monsieur, et qui nous fait injure à tous les trois.

M. D'ORLANGE.

Ah ! c'est vous qui bientôt me connoîtrez, je crois.

SCÈNE V.

Mlle. D'ORFEUIL, M. D'ORLANGE, VICTOR,
(*qui entre mystérieusement, et a l'air de vouloir
parler en secret à son maître.*)

Mlle. D'ORFEUIL.

Mais Victor semble avoir quelque chose à vous dire.

M. D'ORLANGE (*veut emmener Victor.*)

Je vais....

Mlle. D'ORFEUIL.

Restez : c'est moi, Monsieur, qui me retire.
(*Elle sort.*)

SCÈNE VI.

SCÈNE VI.

M. D'ORLANGE, VICTOR.

M. D'ORLANGE.

Hé bien !

VICTOR.

Il va venir : il est à deux cents pas.
Il a pris son parti.

M. D'ORLANGE.

Bon. Je n'en doutois pas.
Et ma lettre ?...

VICTOR.

A propos, voulez-vous bien permettre ?...
Mais qu'avez-vous donc mis, Monsieur, dans votre lettre ?

M. D'ORLANGE.

Comment !

VICTOR.

C'est qu'en l'ouvrant, il a d'abord pâli ;
Puis il a pris un air... un air... là... très-poli,
Mais extraordinaire. « Oh ! oui, j'irai sans doute,
» (A-t-il dit.) Je comptois poursuivre au loin ma route ;
» Mais ceci me retient. Vite (dit-il alors
» Au postillon), retourne au château d'où tu sors »...
Et tenez, le voici.

M. D'ORLANGE.

Va, laisse-nous ensemble.
(*Victor sort.*)

SCÈNE VII.

M. D'ORLANGE, M. DE FLORVILLE.

M. D'ORLANGE.

Ah ! vous voilà, Monsieur ! c'est charmant.

M. DE FLORVILLE.

Il me semble

Que de mon prompt retour vous n'avez pu douter.

M. D'ORLANGE.

Non, je vous connoissois assez pour m'en flatter.

M. DE FLORVILLE.

Dites-moi donc, Monsieur, par quelle fantaisie
Ce rendez-vous ici ? la place est mal choisie.

M. D'ORLANGE.

Eh ! je la trouve, moi, choisie on ne peut mieux ;
Notre affaire se doit terminer en ces lieux.

M. DE FLORVILLE.

Mais c'étoit dans le bois qu'il eût fallu nous rendre.

M. D'ORLANGE.

Dans le bois ?

M. DE FLORVILLE.

Oui.

M. D'ORLANGE.

Ma foi, je ne puis vous comprendre,

Monsieur.

M. DE FLORVILLE.

Votre billet est assez clair, pourtant ;
Lisez.

(*Il le lui remet.*)

M. D'ORLANGE (*lit.*)

« Voulez-vous bien revenir à l'instant ?
» Ne demandez que moi ; j'ai deux mots à vous dire ;
» Gardez qu'on ne vous voie. » Ah !...

(*Il rit.*)

M. DE FLORVILLE.

Cela vous fait rire ?

M. D'ORLANGE.

Il est vrai : je commence à comprendre à présent.
La méprise est piquante, et rien n'est plus plaisant.
   (*D'un ton martial.*)
Attendez, je reviens.

(*Il sort.*)

SCÈNE VIII.

M. DE FLORVILLE (*seul.*)

Il faut que je l'attende !
Il me rappelle ; il veut qu'en ces lieux je me rende ;
Je revole à l'instant ; et Monsieur n'est pas prêt !...
Si, par malheur, ici monsieur d'Orfeuil paroît ?...
Je crains, pour le futur, sa tendresse inquiette...
Hélas ! je crains surtout de revoir Henriette.
Quel prétexte donner pour ce retour soudain ?
Je suis bien malheureux ! J'ai des droits à sa main :

J'arrive : mais je vois qu'un autre est aimé d'elle :
Je me tais, et je pars... Il faut qu'on me rappelle !
On vient... c'est elle ! Ah ! ciel !

SCÈNE IX.

Mlle. D'ORFEUIL, M. DE FLORVILLE.

Mlle. D'ORFEUIL (*de loin, sans voir Florville.*)

      D'Orlange, dans ces lieux,
       (*Apercevant Florville.*)
M'avoit dit que quelqu'un me demandoit. Ah ! Dieux !
 (*Haut.*)
C'est vous, Monsieur !

M. DE FLORVILLE.

     Ma vue a droit de vous surprendre ,
J'en conviens.

Mlle. D'ORFEUIL.

    Il est vrai que je ne puis comprendre...

M. DE FLORVILLE.

Moi-même... assurément... j'ai peine à concevoir...
Je ne me flattois pas de jamais vous revoir.

Mlle. D'ORFEUIL.

Et... ne peut-on savoir quel sujet vous ramène ?

M. DE FLORVILLE.

Quel sujet ? c'est... pardon. Une affaire soudaine...
Cet autre voyageur, votre futur époux...,
Ici, pour un instant, m'a donné rendez-vous.

Je me suis empressé de revenir.

Mlle. D'ORFEUIL.

Mon père
De cette occasion profitera , j'espère.

M. DE FLORVILLE.

Je ne sais : votre père a reçu mes adieux.

Mlle. D'ORFEUIL.

Je les avois reçus moi-même... Il seroit mieux
De le revoir aussi.

M. DE FLORVILLE.

Je ne fais que paroître ;
Ma visite, à présent, le troubleroit peut-être.
Il est , je le présume, occupé du futur ,
D'un hymen qui s'apprête...

Mlle. D'ORFEUIL.

Oh ! cela n'est pas sûr.

M. DE FLORVILLE.

Il annonçoit, ce semble , une union prochaine.

Mlle. D'ORFEUIL.

Oui , j'étois sur le point de serrer une chaîne
Qui me pesoit d'avance, et j'en aurois gémi.
Mon père, heureusement , est mon meilleur ami.
Je viens d'ouvrir mon cœur à cet excellent père :
Il consent, en un mot, que l'hymen se diffère.

M. DE FLORVILLE.

A ce futur époux je faisois trop d'honneur :
Je le croyois aimé.

Mlle. D'ORFEUIL.

Vous étiez dans l'erreur.

M. DE FLORVILLE.

Un autre plus heureux, du moins, je le soupçonne,
L'a prévenu...

Mlle. D'ORFEUIL.

Croyez que je n'aimois personne,
Avant qu'il vînt.

M. DE FLORVILLE (*à part.*)

Personne? Ai-je bien entendu?
Oh Dieu! l'espoir enfin me seroit-il rendu?
(*Haut.*)
Votre cœur seroit libre encor, Mademoiselle!

Mlle. D'ORFEUIL (*à part.*)

Hélas!

M. DE FLORVILLE.

Si vous saviez combien cette nouvelle
A droit de me toucher! heureux Florville!

Mlle. D'ORFEUIL.

Eh quoi?

Vous enviez son sort?

M. DE FLORVILLE (*vivement.*)

Ah! je parle de moi.

Mlle. D'ORFEUIL.

De vous, Monsieur?

M. DE FLORVILLE.

Eh oui. La feinte est inutile.
Vous êtes libre encore, et moi, je suis Florville.

Mlle. D'ORFEUIL.

Vous, Florville?

M. DE FLORVILLE.

Moi-même. Ah! daignez m'excuser,
Si, pour observer mieux, j'ai pu me déguiser.
Je vous aimai, sans doute, à la première vue.
Pour un autre déjà je vous crois prévenue.
Dès lors, sacrifiant mes droits et mon amour,
Je pars. On me rappelle : ô trop heureux retour !
Un seul mot me rassure, et je puis donc encore
Vous dire qui je suis, et que je vous adore.

Mlle. D'ORFEUIL.

Qu'entends-je? eh quoi, c'est vous qui m'étiez destiné?
Se peut-il ?

(*A part.*)
Ah! mon cœur l'avoit bien deviné.
(*Haut.*)
Je puis donc espérer (mon bonheur est extrême)
D'être enfin à celui que j'estime et que j'aime.

M. DE FLORVILLE.

J'étois aimé! qu'entends-je ? et c'est l'autre étranger
Qui me rappelle ici ; j'étois loin de songer...

Mlle. D'ORFEUIL.

Eh! c'est lui-même aussi qui dans ces lieux m'envoie.

M. DE FLORVILLE.

Son sort, en ce moment, empoisonne ma joie.
Du désespoir je passe au comble du bonheur;
Et mon ami perd tout, en perdant son erreur.

SCENE X.

VICTOR, M. D'ORFEUIL, M. D'ORLANGE, Mlle. D'ORFEUIL, M. DE FLORVILLE.

M. D'ORLANGE.

Avois-je donc, Monsieur, si mal choisi la place?
Et faut-il dans le bois?...

M. DE FLORVILLE.

Épargnez-moi, de grâce:
Je sens assez, Monsieur, combien je suis ingrat!

Mlle. D'ORFEUIL.

Moi je sens tout le prix d'un trait si délicat!
(*A M. d'Orlange.*)
Vous n'aviez à ma main qu'un droit peu légitime:
Vous en avez, Monsieur, de vrais à mon estime.
(*A son père.*)
Vous savez notre erreur, mon père?

M. D'ORFEUIL.

Oui, voilà donc
Monsieur Florville: enfin on le connoît!

M. DE FLORVILLE.

Pardon.

M. D'ORFEUIL.

Mais si ma fille, grâce à ce dessein étrange,
S'étoit trop prévenue en faveur de d'Orlange,
Comme, par parenthèse, il s'en est peu fallu;
C'eût été votre faute, et vous l'auriez voulu.

M. DE FLORVILLE.

Aussi, je m'en allois sans accuser personne.
Me pardonnerez-vous ?

Mlle. D'ORFEUIL.

Pour moi, je vous pardonne,
Mais à condition que vous ne feindrez plus.

M. DE FLORVILLE.

Non, croyez que jamais...

Mlle. D'ORFEUIL.

Eh! discours superflus!
Je vous crois sans peine.

M. DE FLORVILLE.

Ah ! que je dois rendre grâce,
A l'ami généreux qui fit suivre ma trace !

M. D'ORLANGE.

Moi! j'ai fait mon devoir. Ah ! respirons... l'on sent
Qu'une bonne action nous rafraîchit le sang :
Et ce bien-là n'est pas un bien imaginaire ;
Car je renonce à tout ce qu'on nomme chimère.
C'en est fait, pour jamais me voilà corrigé...
Tenez, que je vous dise un bon dessein que j'ai.
Assez d'autres sans moi serviront bien le prince,
Moi, je vivrai tranquille au fond d'une province...
Seroit-il une terre à vendre en ce canton ?

M. D'ORFEUIL.

Justement : j'en sais une assez près d'ici.

M. D'ORLANGE.

Bon.
Je l'achète. J'y prends une femme estimable,
D'une vertu solide et d'un esprit aimable,

Douce... une autre Henriette, en un mot, s'il en est.
J'aurai beaucoup d'enfans ; le grand nombre m'en plaît.
Le ciel bénit toujours les nombreuses familles.
Ma femme, c'est tout simple, élevera les filles :
Mais les garçons n'auront de précepteur que moi ;
C'est le plus doux plaisir, c'est la première loi :
Je saurai démêler leur goût, leur caractère ;
L'un sera dans la robe, et l'autre militaire.
Ils me feront honneur. Que je suis fortuné !

(A M. d'Orfeuil.)

Mon voisin, vous serez parrain de mon aîné.
Je n'irai pas bien loin lui chercher une femme ?
Il pourroit épouser la fille de Madame.

(Il montre mademoiselle d'Orfeuil.)

Trop heureux !

(A M. d'Orfeuil.)

Tous alors, nous serons vos enfans.
Vous sourirez, mon père, à nos soins caressans.
A cent ans, vous direz : « Je n'avois qu'une fille ;
» Et tout ce qui m'entoure est pourtant ma famille. »
Voilà ce qui s'appelle un projet bien sensé.

VICTOR.

Mon maître, finissant comme il a commencé,
Tout en parlant raison, bat encore la campagne,
Ne veut plus faire et fait des Châteaux en Espagne.

FIN DU PREMIER VOLUME.

VARIANTES.

ACTE III.

SCÈNES VI ET VII.

M. D'ORLANGE (*seul.*)

J'ai lu... je ne sais où , mais cela m'a frappé,
Qu'un voyageur obscur, au naufrage échappé,
Lui douzième , aborda dans une île déserte ,
Et crut être d'abord à deux doigts de sa perte ;
Puis, tel est le pouvoir de la nécessité ,
Tira bientôt parti de son adversité ;
Puis reconnut les lieux , s'établit à la ronde.
Se trouva possesseur enfin d'un nouveau monde.

(Ici Victor entre, et écoute sans être vu.)

M. D'ORLANGE (*continuant, sans voir Victor.*)

Fut élu chef des siens, puis fut nommé leur roi...
S'il alloit m'arriver la même chose , à moi !
Pourquoi non ! Robinson fut bien roi dans son île.
Roi , je ferois bâtir une petite ville ;
Car mon peuple , d'abord , ne seroit pas nombreux :
J'aurois peu de sujets , mais ils seroient heureux.
Je choisirois surtout un ministre honnête homme.
Le choix est bientôt fait, quand le public le nomme.
On célèbre en tous lieux et mon ministre et moi ;
J'entends crier partout : « Vive notre bon roi ! »

Le pauvre me bénit au fond de la campagne.
Reste à m'associer une aimable compagne.
Pour le bien de l'Etat je dois me marier.
Voyons... Je puis choisir dans l'univers entier;
Mais ces rois, mes voisins, briguent mon alliance.
A leurs ambassadeurs donnons donc audience.

V I C T O R (*s'approchant et s'inclinant.*)

Sire...

M. D'O R L A N G E (*comme s'il étoit roi.*)

Que me veut-on ?

V I C T O R.

On va prendre le thé,
Et chacun n'attend plus que votre majesté...

F I N.